日本の都市伝説大事典

日本都市傳説大事典

Japanese Urban Legends

朝里樹 監修

王書銘 譯

一本蒐盡日本所有都市傳説！ 校園怪談×荒郊軼事×都市異象

306則傳説起源與故事解析，滿足你對恐怖的極致渴望！

作者簡介

朝里樹

怪異妖怪愛好者，作家。一九九〇年生於北海道，二〇一四年法政大學文學系畢業，專攻日本文學。現任職公務員，同時也在閒暇時間進行怪異、妖怪的收集與研究。著有《日本現代怪異事典》、《世界現代怪異事典》（日本笠間書院）、《日本靈異新發現！現代妖怪圖鑑》（楓樹林出版社）、《日本異界博物誌：原來這些習俗都跟妖魔鬼怪有關係！》（商周出版社）等書。

譯者簡介

王書銘

輔仁大學日文研究所肄業。翻譯作品《召喚師》、《魔法的十五堂課》圖解鍊金術》、《圖解近身武器》、《圖解太空船》、《圖解魔法知識》、《圖解克蘇魯神話》、《圖解吸血鬼》、《圖解陰陽師》、《圖解吸血鬼》、《圖解北歐神話》、《圖解天國與地獄》、《圖解火神與火精靈》、《圖解魔導書》、《中世紀歐洲武術大全》、《凱爾特神話事典》、《日本甲冑圖鑑》、《克蘇魯神話事典》、《幻想惡魔圖鑑》、《妖怪大圖鑑》、《世界經典戰爭史：影響世界歷史的55場戰爭全收錄！》。

前言

各位是否聽過「都市傳說」？所謂都市傳說，指的是那些直到近代才開始流傳於人群間，卻無從確知真偽的故事。

都市傳說的種類非常多，例如藝人八卦、罪犯故事或是意外事故等等，而本書主要介紹的，則是那些涉及怪奇、靈異、令人心驚膽跳的都市傳說。

或許你聽過裂嘴女、廁所的花子、喀喀喀或是妃姬子的名字，這些都是擁有超越凡人，有著特殊能力的恐怖存在。許多都市傳說中，也提到了人們喚作怪物、妖怪、幽靈、怪物和怪人等。

它們憑著自身的武器和能力，既能傷人，也能助人。雖然很可怕，但同時也極富趣味和魅力。無論時代如何進步，無論黑夜已經被照耀得燈火通明，這些神祕的怪物終究不曾、也不會從世界上消失。每個時代，必定會有屬於那個時代的怪物存在。

讓我們翻開書頁，都市傳說的世界已經在等著你。

朝里樹

目錄

日本都市傳說大事典

二畫

三畫

四畫

七畫

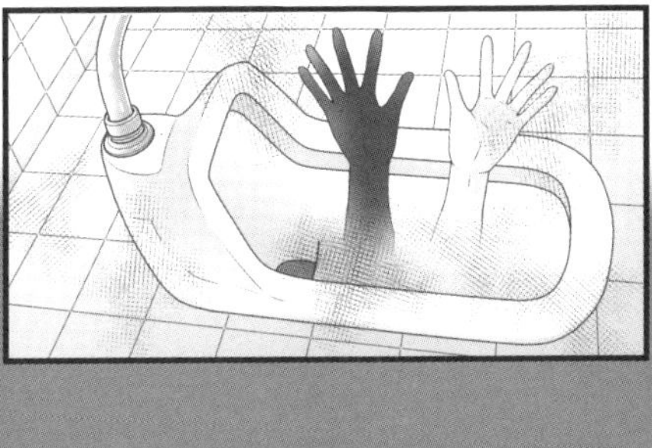

八畫

九畫

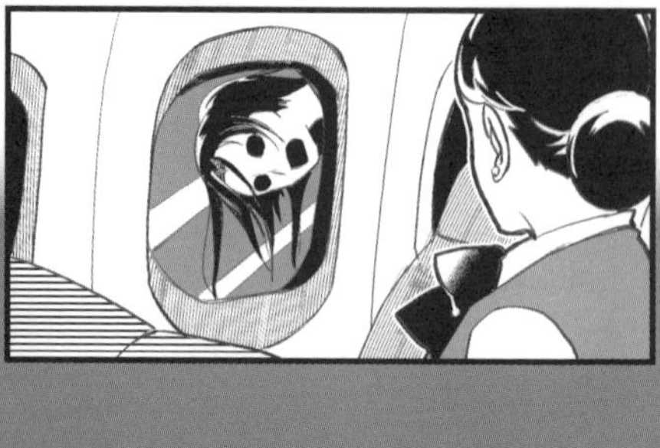

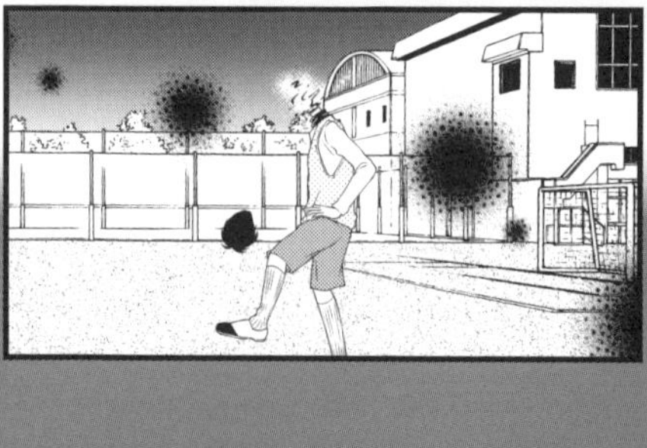

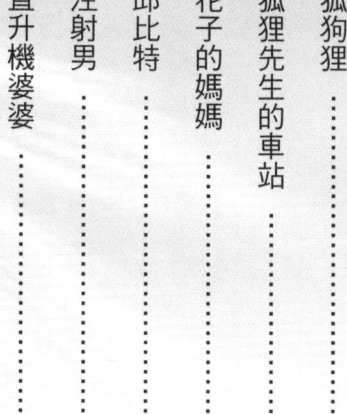

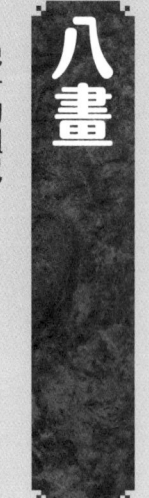

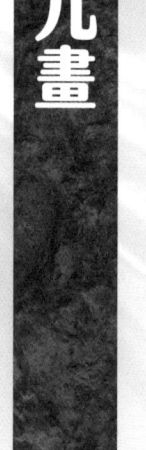

十畫

十一畫

十二畫

十三畫

十四畫

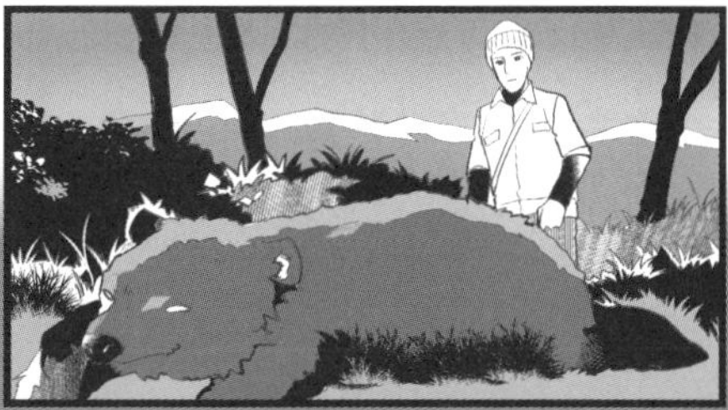

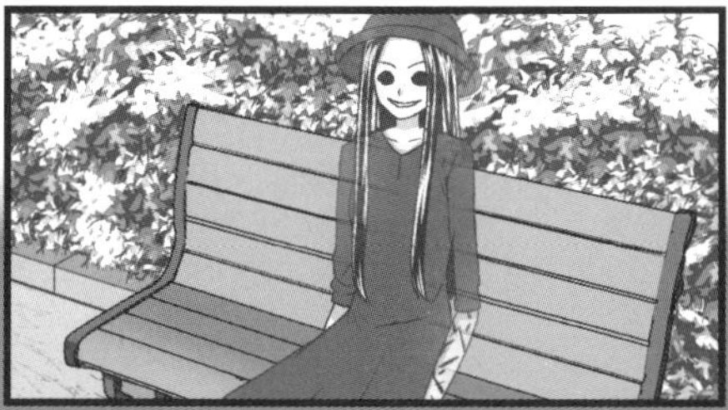

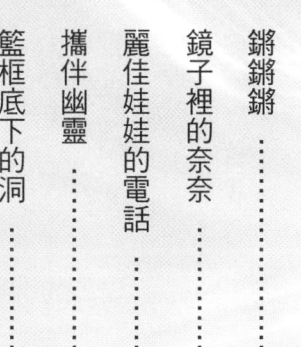

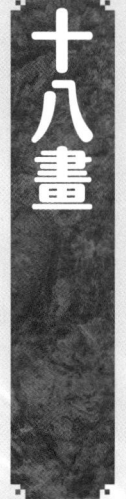

還有更多日本都道府縣離奇故事

乗せてください

有一支陸軍的步兵連在雪中行軍時遇難，
導致多名士兵喪命。

無數個夜晚蠢蠢欲動……

二宮金次郎銅像怪談

二宮金次郎銅像的原型二宮尊德是日本江戶時代的著名思想家，素以好學品德而聞名，然而這座銅像卻流傳著一則恐怖都市傳說。相傳在半夜十二點，二宮金次郎銅像會動起來並攻擊在場的人。

不少人曾經看過二宮金次郎銅像眼睛發光、流血淚、在操場裡奔跑，以及翻書閱讀等等，在日本流傳著各種版本的目擊經驗談；也有人說，他背著的柴薪數目每天都會變化。而實際數過柴薪的人都將受到詛咒，結局很可能是遭遇車禍，又或者會在隔天變成石頭。

還有另一所小學則是傳說，在半夜十二點繞行銅像二十一圈，二宮金次郎的雙眼會發出光芒，而且伸出右臂將人活活絞殺。

絕對不可以用……

二十二號置物櫃怪談

日本某所高中設有五十個置物櫃，其中的二十二號置物櫃卻從來沒人使用。因為有傳聞說，凡是用過這個櫃子的人會罹患重病，甚至可能死於非命。在此之前，曾經使用二十二號置物櫃的人當中，已有十二人不幸意外身亡，其中不少人罹患重病。

曾經有名新上任的年輕教師。他毫不在意旁人謠傳的惡兆，執意使用二十二號置物櫃。結果當天晚上他就重病在床動彈不得，甚至還被一個會散發詭異光芒，長得非常奇怪的妖怪附身。染上怪病的他在短短三天內不治身亡。

約莫半年後，學校決定拆除置物櫃並全面換新。沒想到，竟然從二十二號置物櫃裡找到了一塊寫著阿拉伯文字的神祕木牌。

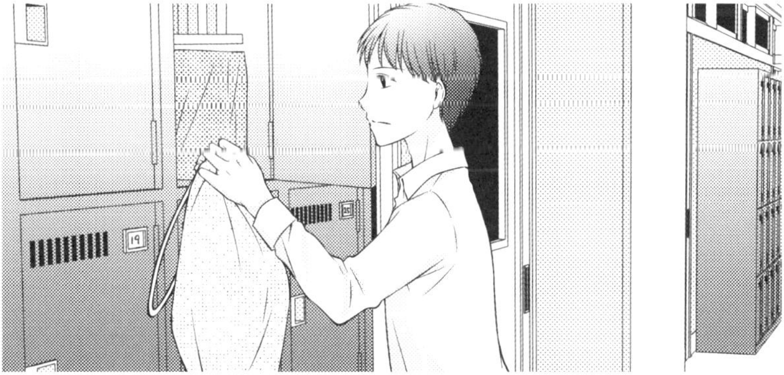

跟我長得一樣的是誰？

二重身

在深夜的廁所，遇到有人背對自己蹲在地上；如果那人轉過頭來對你一笑，你會發現那人竟然和自己長得一模一樣，彷彿同一個模子印出來的。這就是二重身。據說，看到二重身的人，三天以內會感染風寒而死。

第二張臉

二面女

曾經有位少女獨闖一棟鬧鬼的建築。當時那棟建築散放出奇怪的光芒，屋內站著一名美麗的女子。那女子問：「妳真有勇氣，如果我是妖怪妳怎麼辦？」少女回答：「像妳這麼美麗的人根本不恐怖。」女子聞言轉過頭去，雙手將後腦杓的長髮左右分開，竟然露出了另一張臉孔。

後腦杓也有長嘴巴

二口女

日落時分，一名長髮女子出現在小學校門前，詢問路過的學生：「我漂亮嗎？」

如果孩子回答「很醜」，女子就會挽起長髮，用後腦杓的血盆大口直接把孩子給吃掉；如果那孩子回答「漂亮」的話，女子就會大叫：「這樣也漂亮嗎？」接著露出後腦杓的大嘴巴。要是孩子嚇得撒腿就跑，二口女會以速度驚人的螃蟹步追過來。

倘若不幸被捉住，只要唱誦三次「髮液」，二口女會立刻消失。原來二口女最討厭整髮造型液，相信這句咒文可以將她擊退。

會變老的幽靈

七夕大嬸

某所學校的一樓有間廁所，傳聞每年七月七日在廁所裡面照鏡子，就會看見「七夕大嬸」。

七夕大嬸原本是死在這間廁所的幽靈，剛變成幽靈時仍是少女模樣，但之後卻逐年變老，如今出現在鏡子裡的時候已經是位大嬸了。

不是應該在背後嗎……

七曲道的怪女

這名女子專門出現在一條由數個急轉彎坡道組成的山道，名為「七曲道」。

有天夜裡，一位年輕人騎著機車要下七曲道，車頭燈照見前方有位女子在招手。他停下車，女子表示想要搭便車去鎮上，他同意讓女子上車，並往鎮裡的方向騎去。途中，他不經意地瞥了一眼照後鏡，卻發現後座空無一人！嚇得他越騎越害怕，越騎越快。

終於衝出七曲道後，來到山下的他再次看向照後鏡，這次竟然從右邊的照後鏡看到後方有名無頭女子，她以極快的速度在地面爬行，緊追著機車。而左邊的照後鏡，則是看到女子的頭顱正飄浮在空中並笑著緊跟不捨。

乘坐人力車的客人…

人力車幽靈

這個故事發生在明治時代。曾經有位車夫拉著人力車行經橋邊，他看到一位女子招手叫車。車夫停下車，女子只是默默地爬上車。車夫多次詢問目的地，那女子卻是一言不發，車夫無奈之下，只好繼續往前拉。直到抵達一戶大宅門口，這戶人家是當地著名的暴發戶。這時女子一下車，便立刻鑽進大門，瞬間不見人影。

車夫沒有收到車費，於是走到大宅前拍門想索取車費，然而應門的人卻疑惑地說：「剛剛沒有人進門。」

原來那名乘坐人力車的女子，正是被這家暴發戶誆騙而慘死的幽靈。

少女不斷重複的數字

人孔蓋少女

一名少年在下課回家途中看見一位年約小學一、二年級的少女，只見她嘴裡不斷重複念著「十五、十五、十五」的數字，還站在人孔蓋上面不停地跳著。

少年覺得很是好奇，於是問：「妳在做什麼？」少女沒有答話，依舊跳著並重複念著「十五」這個數字。

少年心想她大概是沒有朋友可以一起玩，又問：「我可以跟你一起跳嗎？」

少女一聽，很開心地微笑點頭，可是正當少年一站上人孔蓋，他的身體竟然被吸進人孔蓋，瞬間消失。只見少女若無其事地站回人孔蓋上，繼續跳上跳下。

但這時，少女口中不斷叨念的數字，已經變成了「十六、十六、十六」。

原來這個數字是被吞進人孔蓋的人數，只要多一位受害人，數字就會往上加一。

網路上也有個類似的怪談。

有位愛欺負人的男孩，某天走在路上看見經常被自己欺負的少女正在人孔蓋上面跳著，嘴裡重複喊著「九、九、九」。他問少女在幹什麼，對方卻根本無意回答，惹得男孩越看越氣，很想出手制止。

但見少女跳得這麼起勁看起來很高興，自己好像也有那麼點想要試一試，另一方面也是想破壞少女的興致，於是男孩一把推開少女，搶著站上人孔蓋跳了起來。就在這個瞬間，飽受霸凌的少女迅速抽開人孔蓋，讓惡霸掉進下水道。

流血的面具

人面

曾經有位愛好骨董的男子，偶然獲得了一面奇怪的面具。面具不重也不輕，摸起來觸感很像泥土。那男子很喜歡這個面具，便把面具掛在房間內作為裝飾品。

一天晚上，男子從睡夢中醒來，赫然發現整個房間變成紅色。一度以為是失火了，他連忙起身準備逃跑時才發現——原來是掛在牆上的面具正流出大量鮮血，把牆面都染成了鮮紅色。大量的鮮血沿著牆壁往下流，流到地板的時候卻詭異地消失不見。儘管男子感到不寒而慄，但他仍鼓起勇氣試圖將面具摘除，可是面具卻變得如山一般沉重，完全無法從牆面拿下來。

後來，男子請了靈能師來家中查看。沒想到，靈能師一看便說：「這根本不是面具，而是人頭」。

擁有人類面孔的狗妖怪

人面犬

人面犬不但有張人類的面孔，還能說人話。傳聞，當人面犬在垃圾堆裡翻找食物時，如果出聲嚇止，你會看到回頭的狗有一張人臉，甚至還開口說：「要你管！」

人面犬的奔跑速度極快，足以超越在高速公路行駛的車輛，據說如果車輛被人面犬超越，必定會發生事故。人面犬會讓目擊者罹患怪病，更會讓人遭受橫禍。

還有另一種說法認為，光是被人面犬看見，就可能變成狗。有人說人面犬是生物實驗的人工生物，取自人和狗的基因合成；也有人說是被野狗咬傷的女性變異而成。甚至有傳言，人面犬其實是和寵物犬一起被車子撞死的人類亡靈。

人偶師

這起事件發生在數十年前日本深山裡的一個小小的小學。

某一天晚上，一名老師輪到值夜*而留在學校過夜，卻聽到玄關有人在拍門。他出來一看，門外有位背著偌大包袱的老人，老人說風強雨驟能否借住一宿。老師便帶他進校內，來到保健室兼值夜室，把兩張床的其中一張讓給老人睡。

當天夜裡，老師拉起中間的簾子正要睡覺，卻聽到隔壁床有聲音。他從簾縫中往隔壁床偷看，發現老人打開包袱巾取出了一個大箱子；大箱子裡面又取出一個較小的箱子，較小的箱子裡面再取出一個更小的箱子……拿出來的箱子越來越小，最終，老人取出一個跟肥皂盒差不多大的箱子。老人從小箱子中拿出了一個小小的人偶放在手心上。神奇的是，那人偶竟然在老人的手掌心上跳起舞來，老人還很憐愛地跟人偶說話。老師越看越覺得人偶的長相好像很熟悉，但由於實在太小了難以確定。最後，老人又把人偶收回箱中，把大小箱子全部按照原樣收拾起來。

隔天老師起床後，老人已經不知去向了。後來學校才得知消息，村裡有一名少女被陌生老人拐走失蹤了。

*值夜：這是從前的制度，由老師輪流在學校住一晚以保證學校夜間的安全。

鞦韆上面那是……

人頭怪談

一名少女和朋友在公園裡玩耍，朋友忽然說：「鞦韆上面有顆人頭！」但少女卻沒看到任何東西。兩人便相約在半夜十二點再回到公園看看，約定好後就各自回家。到了約定的時間，少女準時來到公園赴約，卻遲遲不見朋友出現。正當她心想著朋友剛剛可能只是開玩笑，她轉身打算離開，卻發現朋友的頭正在鞦韆上面搖來晃去。

學校裡也流傳著許多與人頭有關的都市傳說。有人說，曾經有學生在體育館上吊自殺，而人頭卻在忌日當天卡在籃球場的籃框上；或者，曾經有自殺身亡的學生，他的人頭出現在家政教室裡，不停地喊著「好痛」；又或者，曾經有顆人頭混在足球袋內；抑或是，曾經有顆人頭吊掛在操場的大樹下，見人就瘋狂追咬等等，有各種不同版本的傳說，層出不窮。

人頭運球

那顆球有點怪……

這是一則流傳於學校的都市傳說。

傍晚時分，大家都已經放學回家。空無一人的操場上仍有位少年正在運球，仔細一看，那少年不但沒有頭，而且他腳下踢著的，正是自己的頭顱。

也曾有人在體育館內目擊過類似事件。那時的體育館本不應該有人逗留，但卻能聽見球正彈跳的聲音，探頭一看，發現有學生獨自在運球，然而那名學生卻沒有頭，正拿自己的頭顱在運球。

傳聞，只要在深夜十二點進入體育館，就會發現無頭少女拿自己的人頭運球。而曾經和那少女一起玩耍的人，通常不是慘遭殺害，就是從此失蹤。

恐怖的人體模型

人體模型的怪談

在學校的理科教室裡，有關人體模型會在入夜以後自行活動的傳聞，可說是時有耳聞。

據說曾經有位孩子遇到了會動的人體模型，當時人體模型邀請他「我們來比身高」，結果比完之後，那孩子的身高竟然短少了整整十分之一，原來是那位孩子拒絕配合，所以頭被砍了下來。

也有人曾經目睹人體模型跟理科教室的骸骨模型一起跳舞，結果被吸進人體模型的胃裡；也有人曾經目擊人體模型在半夜於校園裡遊蕩，結果不知道被帶去哪裡，從此下落不明。還有些傳說指出，有些缺少部分臟器的人體模型會殺害女性，並奪取短缺的臟器。

聽說這些凶殘的人體模型原本都是活人卻被做成了模型，因而痛恨所有人類。

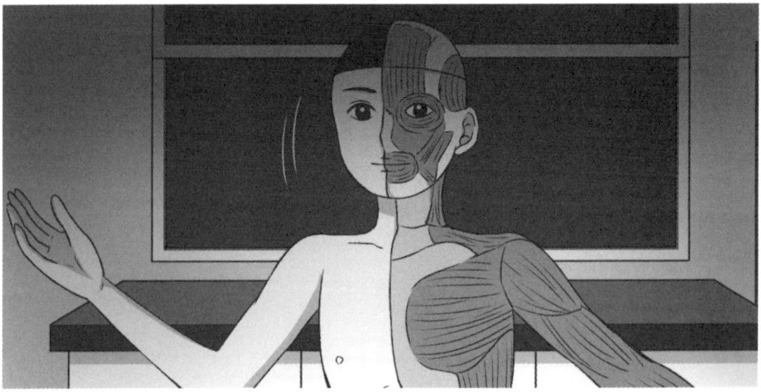

笑聲極其奇特的女巨人

八尺大人

八尺大人身高可達八尺（約二百四十公分）的高大女子，容貌時而年輕，時而衰老，偶爾是中年婦女的模樣，可謂變化無常。不過八尺大人有個固定特徵，那就是身高極高，頭上必定戴著帽子，而且會用男人的聲音發出「啵啵啵」或者「潑潑潑」的奇怪笑聲。

據說誰要是被八尺大人盯上，數日內會死於非命。最容易成為她的目標通常是快要成年的年輕人，尤其是孩童。八尺大人能夠任意變化聲線，可以模仿熟人的聲音把目標給釣出來，將其殺害。

當年八尺大人受地藏菩薩鎮壓，封印在某個固定的區域內，萬一被八尺大人盯上也只要逃出該區域就能保住小命。但如今那座地藏菩薩已經毀壞，再沒有人知道八尺大人會出現在何處了。

至今仍在徘徊遊蕩的士兵亡靈

八甲田山的亡靈

一九〇二年，青森縣八甲田山上，有一支陸軍的步兵連在雪中行軍時遇難，導致多名士兵喪命。也不知道是不是罹難士兵的怨念使然，據說此地至今仍有各種離奇現象發生。

曾經有一對情侶在晚間開車前往遇難紀念碑散心。途中，女生說要去上廁所，男生則留在車內等。就在這個時候，從前在八甲田山遇難喪命的士兵亡靈出現了。男子怕得丟下女友，自顧自地開車逃跑了。留下女子獨自一人在廁所躲了一整晚，聽著士兵踏正步行進的腳步聲瑟瑟發抖。隔天男子回到原地去看，卻發現女友已經一夜白頭了。

除此以外，119通報中心有次在深夜接獲一通求教電話，是來自平時無人居住的渡假別墅，於是出動救難隊前去救援。當時119通報中明明保持通話狀態，而且也能聽得見電話那頭的雜音，可是救難隊進入別墅後，卻發現電話掛得好好的，根本沒有人拿起來。聽聞此事的人們都說，這是徘徊逗留在現世的士兵亡靈作祟，向人間撥打的求救電話。

軍隊在八甲田山行軍當時，正是當地人所謂的「山神的季節」，若這時候入山，會被山神殺死。當時在地的耆老也曾出言阻止，可是軍方不予理會仍繼續行軍，因而遇難。

死亡階梯

十三級的階梯

某棟公寓有一間房，每次有新住客搬進去，過沒多久都會匆匆搬走。這間房位於爬上二樓的第一間，而樓梯總共有十三級。

剛搬進去的頭一晚，住戶會聽見小孩子說：「爬上一階了，真開心。爬上去以後，我們一起玩吧。」隔天晚上則是聽見：「爬上兩階了，真開心。爬上去以後，我們一起玩吧。」然後逐日增加階數，從三階、四階……直到距離房間越來越近。通常到了第十天左右，大部分住戶都會嚇得趕緊搬走，可是這次搬進來的卻是一位不相信幽靈的年輕人。第一晚，他果然聽見「爬上一階了，真開心。爬上去以後，我們一起玩吧」，那年輕人為了追究聲音的來源而連續睡了十三個晚上，然而，到了第十四天早上，卻成了一具冰冷的屍體。

有人說，那聲音是來自於從前一個跌下樓梯喪命的少年幽靈。至於為什麼是十三級呢？原來戰後死刑台的樓梯正是十三級，所以人們都相信「十三」是個不祥的數字。

下腰人會用下腰的姿勢出沒在學校各處，
以下腰的姿勢追逐學生。

被詛咒的娃娃

三隻腳的莉卡娃娃

有位女子在廁所裡撿到一個莉卡娃娃。她仔細觀察，那娃娃除了原本的兩隻腳，還多了一隻土黃色的腳，看似是人肉做的第三隻腳。嚇得女子把娃娃丟到地上，沒想到娃娃竟開始說話：「我是莉卡娃娃，我被詛咒了。」並不斷重複著。女子將娃娃留在原地，頭也不回地逃出了廁所，可是莉卡娃娃的聲音依舊迴蕩在女子耳邊揮之不去。最後，逼得她精神錯亂，甚至把自己的耳膜戳破。

另外還有一則傳說，一位酷愛莉卡娃娃的男子聽說了這三隻腳莉卡娃娃的故事後，於是把莉卡娃娃的一隻腳剪下來，黏到另一個莉卡娃娃身上，結果那男子不久就遭遇事故，被輾斷一隻腳而亡。

從上方死死瞪視

三顆人頭

有兩位女學生每天結伴一起上學。

每次經過快速公路的高架橋底下時，其中一位女生總是會突然安靜下來不說話，而且走得特別快。另一個女孩覺得朋友的行為很奇怪，於是忍不住問她原因。

「橋下的那面牆上，總是掛著三名武士的人頭，還叫我不可以看。每次經過我真的很害怕，所以……」據說，那位女學生看到的三顆人頭，是從前在這裡被斬首示眾的武士。

廁所裡老婆婆的聲音

三點婆婆

怪談發生距今約四十年以前，在某所小學的廁所裡。

每到三點，只要走進三樓女生廁所的第三間，總會聽見不知從何處傳來老婆婆的聲音。正當女學生嚇得連廁所也不敢上想急忙離開時，卻怎麼也打不開門，這就是三點婆婆在搞鬼。據說走廊天花板漏雨造成的水痕，就是三點婆婆的本體。那水痕非但聞起來有血的氣味，形狀也恰如一位老婆婆的模樣。有一次，三點婆婆的水痕移動到走廊旁樓梯的第三階，人們試著用油漆將水痕塗蓋，結果使得三點婆婆沒辦法再待在三樓廁所，從而轉移到了一樓廁所。據說從此以後，那間沒人使用的一樓廁所會時不時傳來尖銳刺耳的笑聲。

以詭異姿勢現身

下腰人

下腰人會用下腰的姿勢出沒在學校各處，因為他以下腰的姿勢追逐學生，故有其名。

由於下腰人無法以下腰的姿勢爬下樓梯，因此建議可以往樓下逃跑。

但聽說有時候下腰人會直接從樓梯上方一躍而下，這時候可以逃到理科教室和家政教室的中間，並說三次「蘑菇頭救救我」，會立刻出現一位曾在校內自殺的蘑菇頭髮型男孩亡靈，將下腰人擊退。

從鏡子裡跳出來的小丑

小丑

小丑主要出沒在國小學校。大部分小丑只是嚇嚇人，卻也有少數極其恐怖的小丑。

據說在圖書館盯著鏡子看三分鐘，小丑就會從鏡面跳出來，把那人給拉進鏡子。又傳聞小丑會在深夜三點整出現在男廁，問人：「你要紅色還是藍色的衛生紙？」如果回答紅色，會有刀刃飛射而來；如果回答藍色，全身血液會枯竭而死。更有一說，如果在廁所裡唱「一二三小丑」，會引來男性或女性的小丑現身，其中女小丑尤其殘暴，會用銳利的指甲襲擊。

除此以外，還曾聽說有人深夜三點上廁所時遭遇小丑，命令他：「把我的手杖折斷。」如果折斷，就能順利走出廁所；要是折不斷，會被吸進異次元空間。

自己死前的樣貌

小糸

每個人一生中可以看到小糸兩次。無論是第一次還是第二次出現，小糸的長相都是那人臨死前的模樣。當小糸第二次現身的瞬間，那人就會死。

小糸要出現之前有三個預兆：第一，錢包裡的五圓硬幣全部不見；第二，寵物在兩個月內暴斃；第三個是左手無名指不知何時被針戳傷，甚至在滲血……尤其是第三個預兆出現時，小糸已經非常接近了。為了避禍，據說只能離群索居，避免與他人接觸，除此以外別無他法。

另一則傳說〈分身〉（見第六十四頁）也會以與人相同的樣貌出現在面前，但與〈分身〉不同的是，小系只會出現兩次，並且以死前樣貌出現，以及出現前有三個預兆。

雙胞胎幽靈

小花

從前有一所小學，校內有對名叫花菜子和花世子的雙胞胎姊妹，不管是姊姊還是妹妹，同學們都習慣稱呼她們「小花」。後來花菜子不幸遭遇車禍身亡，從那以後，同學們看到花世子時，老是誤以為她是死去的花菜子以幽靈的模樣出現，因此花世子常被人叫「幽靈」、「妖怪」或是「亡靈」。花世子非常受傷，最終選擇從學校屋頂跳樓自殺。

後來小花的幽靈還真的出現了。當人們看到小花幽靈害怕大叫「妖怪出現了」時，如果幽靈毫無反應，那就是花菜子。反之，面對花世子的亡靈，這一喊可能會激怒花世子進而遭到報復。

打公共電話召喚幽靈

小悟

據說，只要打公共電話，就能召喚出一個名叫「小悟」的少年幽靈。

方法是投下十圓硬幣，用公共電話撥給自己的手機，撥通後唱誦：「小悟小悟請出來，小悟小悟請出來，小悟小悟在的話請回答。」之後在二十四小時內，小悟會回撥到召喚者的手機。隨後不斷來電告知自己的位置，然後逐漸移動靠近，直到小悟終於來到召喚者的背後，小悟就會回答那人的任何問題。但要是這時候回頭去看小悟，或是突然想不出要問什麼問題時，小悟會捉住那人，拖往幽靈的世界。

現在就過去拿你的腳

小雪

有位女生的手機收到了一則簡訊：「我是小雪，前些日子一起玩實在很開心，昨天我搬到妳家附近了，下次我們再一起玩吧。」但是她完全不認識傳來這則簡訊的人。後來，這位自稱小雪的人繼續頻繁地傳送簡訊「今天下雨了。我討厭下雨天，因為下雨會很痛」、「很想跟妳一起玩，可是我腳痛沒辦法動」、「妳有腳可以到處跑，真好。我沒辦法走路不能去找妳，快來找我玩。」

某天，女生外出時又收到簡訊：「我真羨慕妳，我也想要有腳。」緊接著，接到一通未顯示號碼的來電，電話那頭說：「我是小雪，我現在就過去拿妳的腳。」隨即掛斷電話。雖然有點恐怖，女生心想這不過是惡作劇電話而已，也就沒太在意。後來由於內急，她走進了附近的公廁。

一進廁所，她發現衛生紙上放著一個穿著粉紅色洋裝的娃娃，那娃娃看起來很像自己小時候最愛的換裝娃娃。正當她仔細盯著娃娃時，卻發現娃娃的眼睛動了起來。娃娃看著那女生，開口說：「我……是小雪……我……想要腳……想要……妳的腳……。」女生受到巨大驚嚇，全身發抖，慌亂間不小心把娃娃打落在地，重摔後的娃娃一隻腳斷掉。女子奪門而出，立刻衝回家。

回到家後，發現媽媽正在整理壁櫥，手中拿著一個斷了腳的舊娃娃。原來自己曾在小時候弄壞過這個娃娃，厭倦了就不想玩，才會收進壁櫥沒再拿出來過。直到現在，她才想起來，自己曾經將娃娃取名叫作小雪。就在這時，少了一隻腿的小雪緩緩地抬起頭來看向她，粲然一笑。

恐怖的詛咒箱子

小鳥箱

這是個專為咒殺他人而製作的木箱，本該寫作「取子箱」才是。小孩和女性只要一靠近這個箱子，內臟會瞬間迸裂暴斃而亡。

距今兩百多年以前，曾經有名戰後餘生的男子為了逃亡來到了某個村子。男子向村民傳授了小鳥箱的製作方法，先以木材巧妙地組成構造複雜的箱子，再取嬰兒或孩童的部分肢塊置入箱中加蓋，打造出一個詛咒的木箱。隨著犧牲人數越多，木箱的咒力越強大。

木箱甫一完成，該名男子立刻使用箱子殺死了十五名孩童和一名女性，以展示咒力的強大。後來村民便依靠這口箱子來保護村子阻絕外人侵入。誰知道，數年以後村裡竟然有孩子盜走箱子，導致該戶的女眷和孩童因此全數遭到咒殺。村民因而決定銷毀箱子，但由於咒力過於強大，處理時程足足花費了數十年之久，據說其中咒力最強的兩口箱子如今仍藏於某處，尚未被處理。

只附身於女性的妖怪

山怪

山怪是一種主要出沒在宮城縣與山形縣縣境山道的妖怪。

山怪膚色白皙，模樣看起來和人類相似，唯獨山怪少了一隻腳和頭顱，眼睛、鼻子和嘴巴則是長在胸口。他嘴裡會說著意味不明的「轉……操……滅……」同時激烈地舞動雙手、扭動身軀，單腳往前跳躍，以極為奇特的移動方法靠近別人。

山怪只會附身於女性身上。

被附身者的性格和意識會遭山怪取代，開始念叨著「轉……操……滅……」表情也變得異常恐怖。

被山怪附身的人，必須在四十九天以內驅逐山怪，否則將永遠無法恢復正常。

一睜眼就會發現身旁站著亡靈，並且質問：

「你知道我的手在哪裡嗎？」

趕快把書闔起來！

不可以看的書

一名少女在放學後來到了校內的圖書室，無意間在書架深處發現了一本書。書封上只寫了六個字「不可以看的書」，既沒有作者姓名，也沒有任何圖文。她翻開書，首頁赫然寫著：「不要看。快闔起來。」這反而勾起了少女的興趣，她開始接著繼續翻閱。書中記載了一個木乃伊襲擊孩童的故事，故事雖然恐怖卻饒有趣味，讓少女忍不住好奇一直看下去。忽然翻到一頁完全沒有印刷字樣的空白頁，上面留有一句用鉛筆寫下的字：「停下，別再繼續了。」她依舊沒有停下。

讀到後來，故事裡居然出現了一位與自己長得一模一樣的角色，少女雖然覺得害怕但仍繼續閱讀。故事到了結尾，書中描寫那位和自己一模一樣的少女最後慘遭木乃伊從背後襲擊。而此時的少女恰巧讀到這段文字，瞬間突然感覺到身後有人，她回頭一看，正是書中出現的那個木乃伊。

找不到喜歡的手

不合手

謠傳有個幽靈經常出沒在垃圾堆附近。

只要夜裡路過垃圾堆，很有可能會被襲擊，幽靈會砍下路人的手，試圖接在自己的斷臂處，如果不合就只是低語：「這個不合。」隨後將斷手棄置於垃圾堆後離去。

猜想這是個只有一隻手的幽靈，所以才會專門砍活人的手來試自己斷臂的尺寸。那這幽靈究竟在找什麼樣的手呢？是不是想找到大小、形狀與另一隻手完全一致的手呢？

很可能幽靈遲遲找不到合意的手，所以總是低語：「這個不合。」然後持續不停地尋找。

不轉寄的話……？

不幸的信

所謂「不幸的信」，是一種必須在一定期間內，將收到的信件內容一字不差寄給特定人數，否則就會遭遇不幸的信件。關於期間長短和人數多寡的規定則各不相同。舉例來說，某些不幸的信是這樣寫：「任何讀過這封信的人，必須在七天內寫下相同的內容，並寄給五個人，一字一句都不能有差錯。若不遵守，將會遭遇不幸。」

不幸的信自一九六〇年代出現以後迅速流行起來。按照信件指定的收信人數連鎖寄出信件，曾經收到信件的人數會呈倍數成長。剛開始流行的時候都還是親手抄寫將信寄出，後來發展成利用影印和傳真將信件寄給他人。

最早大家在手抄信件時，不知道是不是有人寫字太難看，把「不幸」兩個字寫成了「棒」，導致一度讓「棒的信」（注：近似台灣流傳的『幸運信』）在坊間流通了一陣子。

被詛咒的車子

中古車怪談

一名女性出車禍不幸喪命，後來這輛事故車經過修理後轉賣到中古車行。中古車行的客人在試車時，竟聽見女生的聲音說：「那是我的位子，請不要坐在那裡。」回過頭看，車內卻是空無一人。客人覺得觸霉頭，因此空手而回。後來同樣的事又接連發生了幾次，結果這輛車依舊無人購買。

被詛咒的中古車怪談並不止於此。有一間中古車行，這裡有輛高級車因為價格相當划算很快就賣了出去。可是過沒多久，這輛車又被牽回車行轉賣。原來凡是買下這輛車的車主，無一例外都在駕駛途中遭遇事故，下場全是被切斷脖子。巧合的是，這輛車的首任車主當初正是因為交通事故而斷了頭。

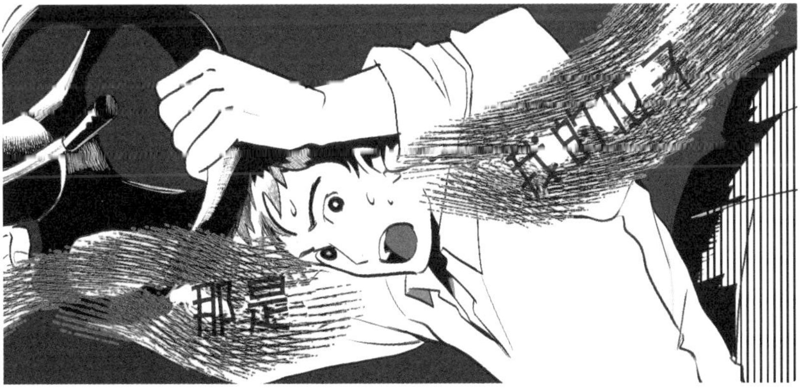

抱著無頭人偶出現的幽靈

不氣味醬

據說有一所學校，在女廁最末尾的隔間前轉四圈、敲門六下，就會出現一個名叫「不氣味醬」的幽靈。不氣味醬長得胖嘟嘟的，嘴角不時吐出泡沫，懷裡還抱著一個沒有頭的洋娃娃。

一位女孩曾遇到不氣味醬，當時和她一起去廁所的朋友指著自己，對不氣味醬說：「拿她的頭好了，跟那個洋娃娃很合喔。」不過又立刻笑著改口說：「開玩笑的啦。頭顱早就準備好了。」這時，不氣味醬伸手指向走廊，女孩順勢探頭往走廊望去，只見另一個朋友的人頭沿著走廊滾了過來，嚇得女孩當場昏倒。醒來時卻發現自己躺在家裡，那位與她一起上廁所的朋友，和只剩頭顱的朋友，兩個人都在自己看見不氣味醬的同一時間遭遇意外，當場暴斃。

還曾經聽說過不氣味醬會附身於他人的案例。遭不氣味醬附身的人，身邊親友會先遭遇意外或是自殺，直到造成兩位犧牲者後，接著才會輪到被附身的本人喪命。如果想避開這種詛咒的話，只要把「一所學校只有一個不氣味醬」這段話傳給其他學校的學生，不氣味醬就會離開原來附身的宿主，轉而到別校並附身於聽過傳聞的學生身上。

分身現身便是死亡的預兆

分身

所謂的分身，是指一個和自己一模一樣的人突然出現在眼前的離奇現象。不只自己會看到，有時候親朋好友也可能目睹分身的存在。分身大多出沒在與自己有關的場所，或者是自己常去的地方。有時候明明沒有去過某處，卻有朋友說曾在那裡看見和自己長得一模一樣的人，甚至開口搭話，然而那人卻毫無反應逕自離開，事後朋友才跑來質問：「那天你幹嘛不理我？」

聽說分身是死亡的預兆，要是看到自己的分身會在短時間內喪命。不過近來倒有反過來被分身救了一命的說法。曾經有位少女在住院期間看到和自己長得一模一樣的少女，後來病情竟漸漸好轉。人們紛紛推測，她的病或許是被分身承擔下來了。

日本自古流傳一種類似分身的現象，稱作「離魂病」。

這是指靈魂離開身體，導致自己或親朋好友看到另一個「自己」，但離魂病也被認為是死亡的不祥預兆。

我的手在哪裡？我的腳在哪裡？

分屍命案怪談

日本新潟縣曾經發生過一樁分屍命案。案件是某個大戶人家僱用的女幫傭遭主人殺害，並且遭到分屍。當時尚未取消刑責的時效制度，之後找到真凶時，已經過了追訴刑責的時效，所以犯人既沒有被逮捕也沒有受到制裁。據說受害者的亡靈便是為此感到憤恨，才會四處遊蕩。

那位幫傭的亡靈會出現在聽過這樁命案的人面前。凌晨時分，一睜眼就會發現身旁站著亡靈，並且質問：「你知道我的手在哪裡嗎？」或者「你知道我的腳在哪裡嗎？」此時一定要回答「你去問新潟那棟大房子的主人就會知道了」，否則自己的手腳就會被亡靈剝走。

惡魔呈現的未來

反射鏡裡的惡魔

據說，在某些特定時刻內，利用兩面鏡子相互反射，就能看到一些不可思議的現象。

有這麼一所學校，如果在深夜十二點將兩面鏡子以相互反射的方式擺放，只要一到三點三十三分三十三秒，就能看到自己未來的結婚對象；而到了四點四十四分四十四秒，則會看見惡魔。後來，果然有女學生躲在家政教室偷偷實行後，看見了未來的自己。

她每次擺反射鏡來看，鏡子裡未來的自己就變得越來越老。直到鏡子裡的那個女人變成滿臉皺紋的老太婆，鏡子外的女學生隨即當場死亡，死因是自然衰老。原來那位女學生早已中了鏡子惡魔的催眠術，當她看見鏡中的老態，便誤以為自己也跟著變老，所以最終衰弱導致死亡。

廁所裡的少年妖怪

太郎君

太郎君主要出沒在學校的男廁裡。

傳聞，在某間小學的二樓男廁裡，只要找到第三間敲門三下呼喚「太郎君」，就會有位戴著藍色帽子的少年從門板上面探出頭來。如果看到太郎君逃跑，就會被捉住帶走；相反地，如果是自己主動去追太郎君，才能平安無事。

另一所學校則是流傳必須先敲廁所門三十下，再繞行便池三十圈，再喊「太郎君」，他才會出現，並且回答任何問題。也有人說太郎君會說：「我們來打棒球吧！」邀人一起玩。聽說，太郎君和「廁所的花子」關係相當親密。有人說他們是近親，也有人說他們是男女朋友或者是好朋友。

被拖進水裡

巴在背後的老婆婆

一群年輕人相約到河邊戲水，其中一人跳進河裡卻遲遲沒有浮上水面，那人從此下落不明。過幾天後，當天的照片洗出來了，眾人才發現那時入水的瞬間，竟然有個老婆婆從背後緊緊抱住失蹤者。

曾經有所學校舉辦游泳比賽，一名少年從跳水台上一躍而下，入水後就再也沒有浮出水面，當場溺斃。

那次游泳比賽安排了攝影師拍攝，在少年正排隊上跳水台的照片裡，發現後方的校舍屋頂上有一位老爺爺。然而當少年站上跳水台的下一張照片裡，老爺爺竟然出現在少年的身後。緊接著下一張照片，少年入水的那個瞬間，老爺爺已經從背後緊緊抱住了少年。

車上有東西……

巴著車子的幽靈

曾經有群女性朋友相約開車兜風，當她們開進隧道時，後方的車輛不停地朝她們按喇叭，但她們完全不知道為什麼會被按喇叭警告。不久，後面的車追了上來，只見駕駛斜眼瞪了她們的車一眼，隨即加速超車離去。接著，又有另一輛車也是按著喇叭超車經過。她們到處檢查車內，就是找不到原因。緊接著又來了一輛車，也是狂按喇叭。

終於，她們開出隧道，正好發現剛剛按喇叭的車停在路邊。於是她們也跟著停下車來，上前詢問對方原因。

只見那位駕駛一臉慘白地說：「剛剛有個男人一直緊緊巴在妳們的車上，後來開到一半卻突然不見了。」

只要聽過這個故事……

巴赫薩爾

傳說任何人只要聽過這個故事，巴赫薩爾就會立刻出現在眼前……

曾經有支登山隊在某座雪山離奇失蹤了。警方派遣人力在山中展開長達數日的大規模搜索，直到在深山裡看見一間岌岌可危的破舊小屋，救難人員在屋內找到了所有人的屍體。

所有人的死因全都是心臟麻痺，而且每個人的腳邊都寫著「巴赫薩爾」的字樣。

據說，任何聽完這個故事的人，全都會在一週後遇到巴赫薩爾。

到了那天，就算聽到窗戶玻璃的碎裂聲，也絕不可以打開窗簾。聽說，單單只是朝窗外看一眼來訪者的模樣，死狀都會極其悽慘。

手錶小偷

這是過去發生在某間學校宿舍的事件。曾經有小偷專挑學生們上課的時候行竊，而且只偷手錶。

某天宿舍又遭小偷了，同樣只丟了手錶。由於手錶接連失竊，學生們決定提高戒備，守株待兔，小偷果然又出現了。學生們把小偷逼進廁所，可是怎麼也打不開廁所的門，因為小偷從裡面用力頂住了門，等到其他學生帶著工具前來支援強行開門，才發現小偷已經在裡面上吊自殺了，身上還不時傳來「滴答滴答」的不明聲響。眾人脫下小偷的上衣一看，赫然發現小偷從手腕處一直到上臂，接近腋下處，竟密密麻麻地戴滿了手錶。

據說從那以後，只要在半夜上廁所，都會聽見手錶滴滴答答的聲音。

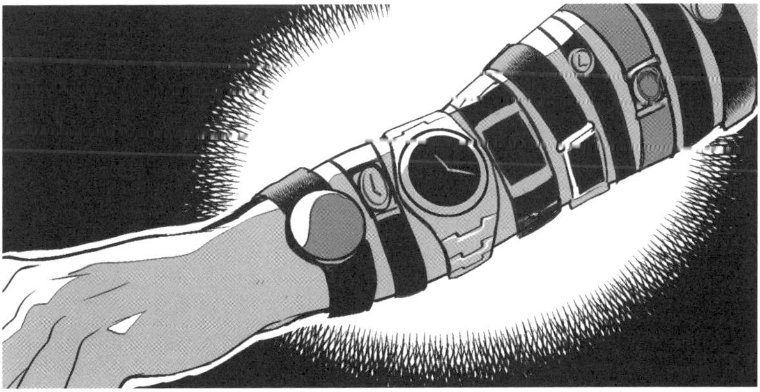

纏滿繃帶的亡靈

木島

據說，只要聽過木島的故事，木島就會出現在眼前。

故事是這樣的，從前有個名叫「木島」的男子，不幸遇上嚴重車禍對方肇事逃逸。幾個朋友去醫院探視，只見木島雙手雙腳被截斷，全身纏滿繃帶，只露出了一隻眼睛。木島拜託「幫我找凶手」，朋友答應說：「一定幫你找到。」隨後木島就斷氣了。

然而，遲遲沒有找到凶手，就這樣過了一年。幾個朋友來到墓前道歉，沒想到木島竟然出現了！他依然沒手沒腳，全身繃帶只剩一隻眼睛露出來，指責他們大罵：「殺我的就是你！」朋友們紛紛否認回：「不是！」然後木島就消失了……

據說，只要聽過這個故事，木島就會出現在眼前。傳聞木島直到現在仍然在找尋凶手。

雖說這是個編造的虛構故事，但詭異的是，只要向那些曾經見過木島的人問：「他露在外面的眼睛是左眼還是右眼？」所有人都會回答是左眼，無一例外。

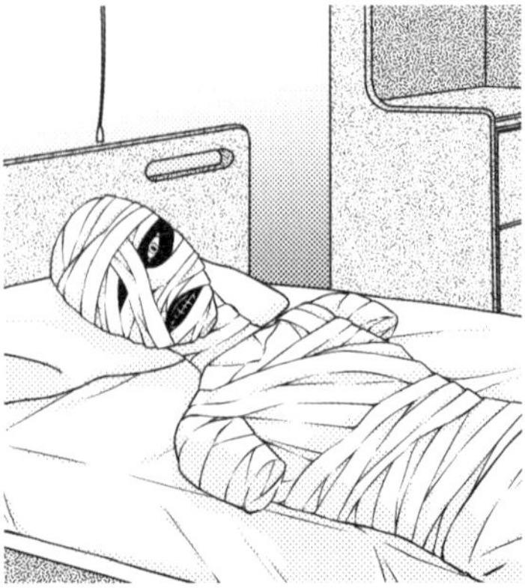

生人勿進

比津加車站

比津加車站位於一個整片白茫茫的神祕異世界，據傳搭乘跟平時相同的電車有時候就會誤闖到比津加車站來。

根據曾經實際在比津加車站下車的體驗者指出，車站裡除了用黑色字寫著站名的白色看板以外，整個車站裡裡外外都是純白色，沒有其他顏色。

車站裡有位留著娃娃頭，年約五、六歲的少女。根據這位女孩的說法，這個白色世界本來不應該有人類涉足。可是如果不在比津加車站下車，而是選擇繼續搭電車到下一站，則可能會有性命之憂。

據說，只要把身上帶的某樣東西給那位女孩作為交換，女孩便會把誤闖比津加車站的人帶回原來的世界去。

牛頭

有個非常恐怖的怪談故事叫作「牛頭」。故事內容早已失傳，只知道這故事因為太恐怖了，所以只剩下名字流傳於世。據說這個怪談自古便存在，是江戶時代流傳的故事。因為這個怪談太過可怕，才會又衍生出了下面這段故事……

在某次校外教學途中，有位小學老師在遊覽車上講了「牛頭」這則怪談，車內很快就發生了怪事。因為故事內容實在太嚇人了，孩子們害怕得紛紛要求老師別再繼續說下去，可是老師卻渾然未覺，繼續說著。過不了多久，遊覽車突然緊急煞車。老師這才停下並環顧四周，只見司機汗出如漿，全身止不住地顫抖，孩子們則是全部口吐白沫，不省人事。

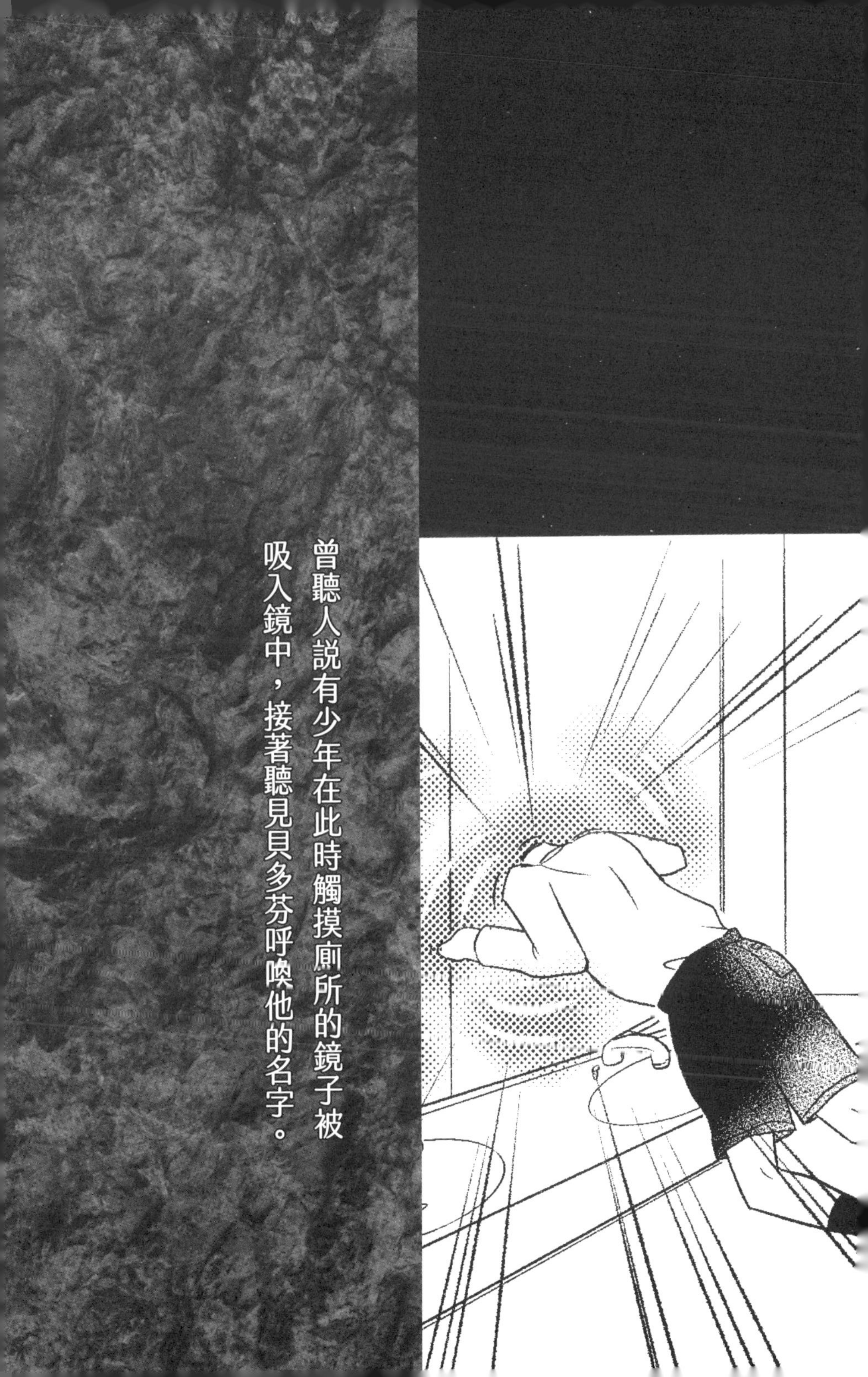
曾聽人説有少年在此時觸摸廁所的鏡子被
吸入鏡中，接著聽見貝多芬呼喚他的名字。

遭列車輾斃的屍體竟然動了起來

冬天的平交道事故傳說

某個下雪天，在北海道發生了一名女高中生在平交道遭列車輾斃的事件。意外發生後列車駕駛員趕緊下車查看，發現女高中生的身體已被車輪輾成兩半，上半身和下半身分開散落在雪地裡。

駕駛員心想著女孩年紀輕輕的，實在太可憐了，正悵然地望著屍體。這時，卻發現女孩的上半身竟然微微顫抖，甚至開始動了起來。那女孩抬起蒼白的臉龐，拚命揮動雙臂，像是在掙扎著爬向駕駛員。駕駛員見狀，魂都被嚇飛了，一股腦地爬上了附近的電線桿。誰知道只剩半截的女高中生仍然緊跟著駕駛員，雙手抱著電線桿慢慢地往上爬，最後爬上了駕駛員的背上。

過了好一陣子，路過的人發現了怎麼有輛列車停在鐵軌上不動，於是上前查看。這才發現雙手緊緊抱住電線桿的駕駛員，駕駛員早已斷氣，而鐵軌旁還散落著被輾成兩截的女高中生殘軀。

據說還有另一起同樣是女高中生在鐵軌上遭列車輾斃的意外。自從事故發生以後，每當列車行經事故發現場，人們總會聽到女高中生的哭聲，以及「救命！」「不要！」的叫聲。

四個角落的怪談

五名年輕人結伴爬雪山，途中不幸遇上暴風雪而受困。一名同伴因此喪生，其餘四人輪流背著他的遺體移動，並找到了一間小木屋避難。

小木屋內既沒有暖氣也沒有照明，氣溫隨著入夜後持續下探也變得更冷了。如果靜靜坐著不動很可能會在睡夢中凍死，於是他們決定起來活動身體。四個人決定在這個伸手不見五指的小木屋裡，每個人分別站在屋裡的四個角落，第一個人移動到旁邊的角落，輕拍第二個人的肩膀。被拍到肩膀的人，這時就要移動到對面的角落拍下一個人的肩膀，接著依序進行，形成一個循環，並不斷移動著。就這樣，四個人都沒有睡著，一起撐到天亮。早晨屋外的暴風雪也已經停歇，他們好不容易才下山脫離險境。

然而幾天後，其中一人回想起來時卻發現了一件怪事。按照規則，當第一個人已經移動到對面的角落去拍第二個人肩膀，所以照理說第四個人移動到第一個角落時，那裡應該沒有人才對，可是第四個人還是拍到了肩膀，結果四個人竟然就這樣順利移動直到天亮。

如果那個角落已經沒人了，這個循環根本不可能成立。經過一番討論，四個人都相信是那位已經往生的同伴以亡靈現身幫了大家一把。

四點四十四分的怪談

四點四十分，經常會發生許多不可思議的離奇現象，因此流傳了許多恐怖的都市傳說。「四」音近「死」，而「四時」則容易讓人連想到「四次元」，所以很多人相信這個時間不吉利。除了四點四十四分，有些人也會忌諱與「四」相關的時刻，例如四月四日，或者是四點四分，甚至包含以秒為單位的四秒或四十四秒。

有人說，在這個時刻去上廁會在三天後死亡；也曾聽人說有少年在此時觸摸廁所的鏡子被吸入鏡中，接著聽見貝多芬呼喚他的名字。幾分鐘後，少年回過神來，竟發現自己站在音樂教室裡。

還有傳聞說，四個人分別站在教室的四個角落，然後在四點四十四分當下，四個人同時往教室中央移動，這樣就能回到過去或是前往未來；也有人說，在這個時刻於學校走廊奔跑，就會瞬間移動到墓地，各種說法可謂是數不勝數。

老太婆妖怪在四點出現

四點鐘婆婆

這是一個會在四點鐘準時出現在廁所的老太婆妖怪。

某一所小學有一個傳聞，在四月四日下午四點四十四分四十四秒時，進入廁所並敲門四下，四點鐘婆婆就會出現，把那人帶往一個什麼都沒有的虛無空間。另一所學校的傳說則說，若在凌晨四點至五點間上廁所，四點鐘婆婆會現身並向對方提出五個謎題，若無法答對三題以上，終生都將受到四點鐘婆婆糾纏。

除了廁所，四點鐘婆婆也會出現在教室、圖書館或公園等場所。只要在四點四十四分四十四秒時在教室黑板畫一個圓，雙手貼於黑板，四點鐘婆婆就會出來把人拖進黑板裡面。

又有人說，四點鐘婆婆經常出沒於傍晚四點的公園裡捉小孩，一旦被捉住將難以掙脫。

不可思議的村名

巨頭才

在一個風光明媚的村子，那裡有間待客周到又窩心，令人備感溫馨的小旅館。

有一名青年曾經來過這裡，於是決定再次驅車前往這家旅館住上一晚。他憑著記憶開著車，途中看到一面指引方向的看板，但這看板怎麼好像和之前不太一樣，上面寫著「巨頭才」三個字。青年雖然摸不著頭緒，但還是繼續駛向村子。

當他抵達村裡時，卻發現那裡已經成了荒蕪破敗的廢村。也不知道是不是已經廢棄了許久，每棟房子都是荒草漫漫，全無半點從前的風采。青年試著回想從前造訪村子的情景，準備開門下車時，忽然從一片高聳的草叢中跳出一群腦袋異常巨大，形似人類的生物，把車子團團圍住。他們的雙臂直接長在腿上，左右搖晃著他們巨大的腦袋。青年急忙發動車輛，逃離了村子。他回到家後，打開地圖再次核對位置，確認自己以前去的那個村子就是在那裡沒有錯。

至於那面「巨頭才」看板，很可能原來寫著「巨頭村」，只是「木」字邊被磨掉了。或者是「木」字邊右側的那一捺連同「寸」都被磨掉了，才會變成現在的模樣。

映在水面的男性臉孔

未來的結婚對象

有種占卜術，傳說在深夜十二點時，口銜剃刀，用臉盆汲水往盆裡看，就可以看到未來結婚對象的長相。

有位女生曾在學生時代玩過這個占卜術。當年的她按照步驟進行，半夜十二點，臉盆的水面上浮現一張陌生男子的臉，嚇得她叫了一聲，口中銜著的剃刀也跟著掉進臉盆。不久後，她眼見臉盆裡的水逐漸被染成了紅色，女孩很害怕，沒敢再碰臉盆就直接回房睡覺。等到隔天一早再看時，臉盆裡的水竟然又恢復透明。

幾年過去，女子早已忘記當初曾占卜的事，也開始交了男朋友。奇怪的是，男友總是戴著一個大口罩。在好奇心驅使之下，她忍不住詢問原因，只見男友一言不發取下口罩，臉上有條明顯的舊傷疤。女子繼續追問傷疤是怎麼來的？對方回答：「這是被妳割傷的。」

還有另一位女子在廚房煮菜時，不慎把菜刀掉進一個裝滿水的桶子。當時水面恰恰映著一名男性的臉孔，可是她並沒有注意到。多年後，女子結了婚，丈夫卻在某次意外被菜刀給刺死了。而那把菜刀，正是女子當年掉進水桶的那一把。

不能讓爸媽看見所以……

甩不掉的考卷

某位國中生數學考得很差，想到父母平時很注重學業，因此他決定這張考卷絕對不可以讓爸媽看到，直接把考卷揉成一團扔了。直到放學準備收拾東西回家時，卻發現剛剛丟掉的考卷竟夾在幾本教科書之中。隨後再次把考卷揉成一團扔掉便回家了。

然而，當他回到家打開書包，那張考卷竟然又出現了。他心裡雖然有點害怕，還是把考卷撕成碎片再次丟進垃圾桶。沒想到，晚餐結束後，弟弟居然拿著才剛丟掉的考卷還給他。國中生覺得不可思議，於是回房檢查垃圾桶，卻發現垃圾桶裡的碎紙片已經不見了。他再一次把考卷丟進垃圾桶，然後再回到客廳裡來。結果，這次竟然變成媽媽拿著考卷站在那裡等著自己。

現身在聽過故事的人面前

由美子

有一位叫由美子的女高中生，她因為受到霸凌而自殺。

由美子生前有個感情很要好的朋友。有天，這名少女在學校女廁洗手時，從洗手台上的鏡中看見由美子從她的背後走過。少女習慣性地喊了聲「由美子」，話音剛落才想起由美子早已不在人世，於此同時，她發現自己的身體竟無法動彈。於是少女便試著念「由美子，請妳往生成佛吧」三次，果然就可以動了。

少女把這件事告訴其他朋友，所有人都不相信。沒想到三天後，每一個聽過這個故事的朋友都說自己非但看見了由美子，而且也同樣出現身體動彈不得的狀況。

據說，只要任何人聽過這個故事，由美子就會出現在眼前。倘若由美子真的現身，又讓人動彈不得時，只要唱誦由美子的名字三次，就能得救。

遇到有人拍肩膀……

田中君

某天，高中生田中君和兩位朋友各自載著女友，騎機車上山兜風。田中君騎在最後面。過了一會兒，騎在前方的友人發現田中君並未跟上。擔心他出事於是折返尋找，結果卻沒有半點蹤跡，田中君就此離奇失蹤。

幾天後，與田中君同行的女友出現了，卻說什麼都不記得。當時同行的其中一位朋友某天夢見了田中君，夢中有人從後方拍自己的肩膀，他回頭一看，竟然是右臉和右半身都已血肉模糊的田中君！然而，那位夢到田中君的朋友，不久竟然也遇難身亡，更離奇的是他也是半張臉變得血肉模糊。

接著，輪到另一位同行的女孩也做了同樣的夢，夢裡的田中君從身後拍肩，她也回頭看了一眼。過沒多久，那女孩也遭遇事故，臉上受了重傷。從此以後，這個夢的故事在學校裡蔚為話題，人人都在警告彼此「不要回頭去看田中君」。

只要聽過這個故事，田中君就會在夢中出現。如果在夢裡被拍了肩膀又回頭，數天內就會發生意外導致重傷，甚至死亡。為了避免這樣的憾事發生，也提醒你，如果有人從後面拍肩膀，絕對不可以回頭！

從便池伸出來的手

白手・紅手

某所學校流傳一個恐怖故事，傳說廁所的便池會伸出手來摸人。

在那所學校北邊女廁裡的第三間，當有人上廁所時，會從便池裡伸出一隻純白的手和一隻鮮紅的手，試圖摸人屁股。

在此之前，另一所學校的寄宿宿舍也發生過類似的離奇現象。晚上上廁所的時候，會從天花板傳來詭異的聲音問：「白色的手好嗎？紅色的手好嗎？藍色的手好嗎？」同時覺得屁股有些冷，好像被什麼東西摸著。據說，曾經有一位寄宿學生在那間廁所裡上吊自殺。

像這種上廁所時，從便池裡伸出手來摸屁股的故事，一直以來都不在少數。

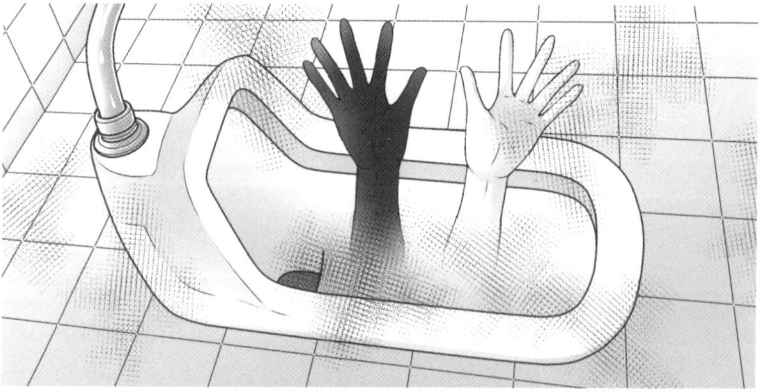

不可以買的書

白頭巾女子

曾經有名少女走進一家書店，她在店內發現一本沒有任何文字的白色書，少女感覺十分有趣，於是拿著那本書來到收銀台，當下店員勸告說：「勸妳最好不要買這本書。」可是少女實在很想擁有，所以還是買了。

據說，當晚少女入睡後莫名醒來，發現房間角落站著一名包著白色頭巾的陌生女子。她迷迷糊糊地望著那白頭巾女子，看著看著就失去了意識。隔天早上，少女的家人赫然發現她已經成了一具無頭屍體。

只要聽過這個故事的人，一個月內就會遇到這位白頭巾的女子。據說只要不停道歉「對不起、對不起」，白頭巾的女子就會消失不見。

石像朋友

下次我們再一次玩吧

曾經有一所小學，校門旁佇立著一座手持球的少年石像。

有一天晚上，就讀這所小學的少年小健發現自己有東西忘在教室，於是便回到學校。來到操場時，發現有一位年紀跟自己相仿的少年在踢球玩。小健不敢獨自進入昏暗的校園，所以拜託那名少年陪自己去教室，少年笑容滿面地答應了。小健拿到東西正想要回家，這時少年卻把球遞給小健邀他一起玩，於是兩人在操場上盡興玩耍。當小健在得知原來那名少年沒有朋友，所以才會獨自一個人，小健對他說：「我當你的朋友。」讓少年笑得好開心。兩人約好下次再一起玩後小健便回家了。隔天一早，小健上學時，發現一群人聚集在石像前面，紛紛議論著石像好像跟平常不太一樣。原來平常拿在手上的球不見了，赫然發現操場中央正擺著那顆球，旁邊則是小健昨天忘記拿的東西。也不知道是不是心理作用，石像少年似乎正在微笑。

聽說，數年前曾經有一名少年為了撿球衝出校門，結果不幸被車撞死，而小健折回學校的那天，恰恰就是那名少年的忌日。

一旦看了石像……

石女

某個地方有一尊恐怖的石像。那是個撐著一把粉紅色雨傘的女子石像，臉上既無眼睛和眉毛，也沒有鼻子，只有張紅色的大嘴巴。

有時候，石女的額頭會滲出鮮血，一旦有人看見，都會發高燒且臥床不起；又有時候，石女的嘴角帶著笑，只要看見的人，同樣也會高燒不退無法下床。

最可怕的情況是，當石女額頭流血的同時還嘴角帶笑，無論是誰看到了這副模樣，石女會一直追著那人到家裡，用血盆大口把人吃掉，即便再怎麼狂奔躲藏，石女也一定會找到人。

沒有人能逃過石女的追擊，所以萬一遇到石女，絕對不能抬眼去看她的臉。

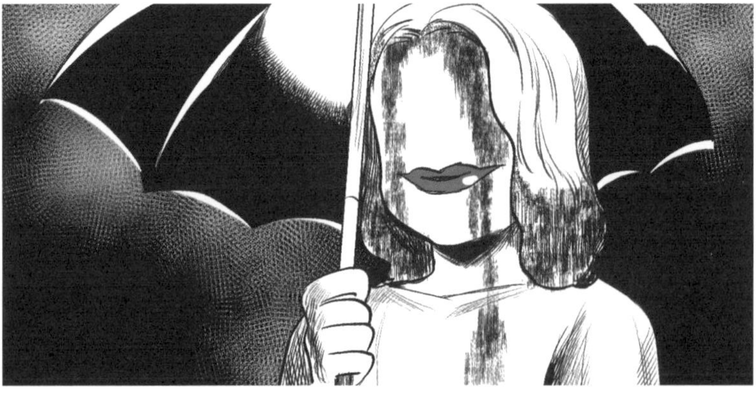

有位女人會從高空飛行中的飛機窗外探頭
往機艙內窺視。

從後方追來的少年

再快一點

據說，在某個地方長距離的慢跑時，會出現一位像小學生的少年從後方靠近，看起來很開心似地笑說：「再快一點！再快一點！」不斷催促著跑步的人。倘若按照少年的話加快速度，那名跑者會在不久後失去控制速度的能力，越跑越快，最終會以驚人的速度直直撞向牆壁或車輛而死亡。

那名少年究竟是什麼來歷？原來他是附近一家醫院的病人，因為變成植物人而長期臥床的青年後來化成了生靈。聽說，當少年從後方越追越近時，能看到他的臉逐漸變回青年的模樣。

荒廢醫院的來電

在我們這裡

曾經有五名少年潛入某間廢棄醫院，他們來到了地下室的太平間，可是醫院裡並沒有特別好玩的地方。一行人正要走出醫院離開時，其中一名少年卻發現自己有東西忘在太平間，於是他要其他四人先回去，自己折回去拿。

然而，那名少年當晚並未回家，後來始終毫無消息，家人越來越擔心，直到幾天後家裡接到了一通電話。「這裡是○○醫院，你們家孩子在我們這裡。」詭異的是，這通電話正是從那個廢棄醫院打來的。警察接到通知以後立刻前去醫院一探究竟，果然，在太平間發現了少年的屍體。

吉男的樹

吉男是個熱愛足球的小學生，卻在升上四年級之際因為不明原因發高燒而病逝。

過一陣子，他的父母來到學校捐贈足球，並提出請求說是希望能在看得到足球場的任意位置種一棵樹。

於是他的足球夥伴們便把那棵樹當作是吉男的化身。不僅在練習時對著樹木講話，還不時撫摸並輕輕拍打樹幹。眼看著這棵樹日漸茂盛高大，樹幹也越來越結實。久而久之，人們開始把這棵樹喚作「吉男的樹」。

某天，一個夥伴如往常般練習足球和樹木說話時，突然發現樹幹長出一個瘤，這個瘤看起來很像一張臉。其他同伴紛紛跑來觀察，大家一致認定那張臉肯定就是吉男。

人面樹的傳言很快在學校傳開，低年級學生怕得不敢從附近走過，但吉男的夥伴們倒是開心地在樹下玩耍，彷彿吉男仍然與他們同在。

那群足球夥伴如今都已經畢業了，至於吉男，或許至今還在那裡守護著其他踢足球的小朋友。

飛機的窗戶外面……

在飛的女人

這則怪談描述一個奇異現象，有位女人會從高空飛行中的飛機窗外探頭，往機艙內窺視。

據說，曾經有位空姐在飛行途中發現窗外有人。她仔細一看，竟然是以前遭遇飛機事故而過世的同事。

另一架飛機也曾發生過同樣事件。聽見有人在機艙窗外呼喊機內空服員的名字，沒想到認真看去，窗外那女人竟穿著空服員制服，原來她是曾經慘遭殺害的同事。

還有人做夢，夢見有位女人從飛機窗外往內查探。醒來後覺得很不吉利，所以取消了預定搭乘的航班。結果，那趟航班最終失事墜機。

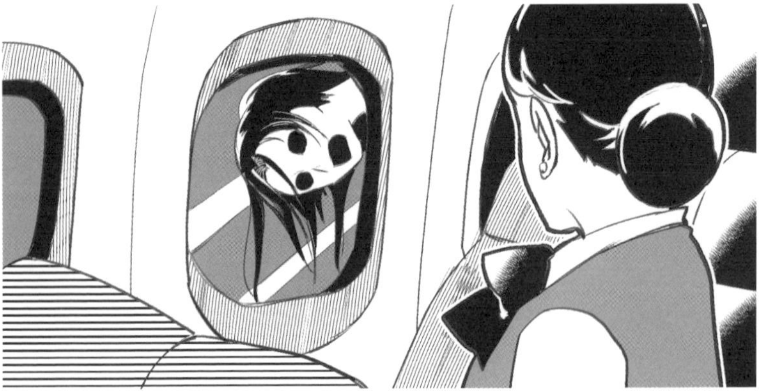

請人進電梯的女子

地獄之女

這是某位男子曾經在飯店住宿期間的恐怖體驗。

半夜時分男子已經入睡，此時卻傳來敲門聲。男子醒來心想「這個時間會有什麼事？」一起身開了門，卻看見門外站著一名穿著黑色衣服的陌生女子。女子說：「一名搭乘，請進。」男子根本不知道她在講什麼，感覺背脊有點發涼，於是趕緊關上了門。

隔天早上，男子出了房間，準備搭電梯。正當電梯門打開，走進電梯時，他赫然發現昨晚那名黑衣女子也在電梯裡面。男子因為害怕立刻決定不搭電梯了，當電梯門關上後，電梯卻忽然急速墜落，所有乘客當場死亡。原來那名黑衣女子是來迎接活人的地獄使者。

我被關在這裡……

地下體育館的幽靈

曾經有名少女，在暑假期間到學校的地下體育館運動，本來只想稍微休息卻在迷糊中睡著了。到了傍晚，工友沒注意到少女還在體育館內，如往常上鎖後便回家了。直到深夜少女遲遲沒有回家。隔天，少女家人向警方求救，但即使動用警察協助搜索也是無果。直到暑假結束仍下落不明。

直到開學後，其他學生來到地下體育館，才終於發現少女的屍體，然而她臉上卻帶著痛苦的表情。雙手的指甲已全數剝落，地板上四處散落著少女的十片指甲。推測少女被關在體育館時，曾試圖用指甲不停地刮抓門板向外頭求救，卻無人發現，所以就這樣死在體育館。

從此以後，據說每天夜裡，或是下雨天色較暗時，地下體育館就會傳來指甲摳刮門板和痛哭求救的聲音。

像這種活活被關在密閉空間的恐怖故事，在國外也時有所聞。盛行土葬文化的國家就曾發生過活埋事件，例如人們挖開棺材後，才發現棺內屍體的面部表情因為驚恐而扭曲變形，棺材板內側盡是數不清的指甲刮痕。原來被埋葬入土的人在入棺後卻恢復意識，於是拚命亂抓掙扎著，最後痛苦而死。甚至有些傳說還指出，曾有人目擊過慘遭活埋的死者現身在路上行走。

開門……
嘎啦嘎啦

落入時間縫隙的女性

如月車站

曾經有位女性在網路上按照時間順序即時發文，寫下她搭乘電車後發生的種種異狀。

「電車平常每幾分鐘就會停車到站，可是現在已經開了超過二十分鐘還不停，我好害怕。」

「到站了。我要下車。」

「我從來沒聽說過如月車站，看起來似乎是個無人車站。」

「打電話給我爸請他幫忙查，他說根本沒有這個車站。」

「我現在正沿著鐵軌走。」

「這個隧道我有印象！」

「我已經穿過隧道，搭上路過的車輛。」

「好奇怪。車子已經開了好久，卻還沒開到街上。」

「我試著問問司機，可是他都不開口。我要趁他不注意的時候逃走。」

……發文留言到此結束。

七年後，自稱當事者的女性再次發文留言。她描述當時車子開到一片陰暗的森林時停了下來，並按照路過男性的指引走了一段路，終於平安抵達她熟悉的車站。

可是當她抵達車站時才發現從如月車站下車後竟已經過了七年。

將死之人迷途的城鎮

死城

據說在人世和冥界之間，存在一個不可思議的城鎮。

這城鎮雖然名為「死城」，但死城其實是活人與死人共存的世界，也是將死之人靈魂必經的地方。

話雖如此，身體健康的活人，有時候也在偶然間瀏覽網頁時誤入死城的首頁，那人的靈魂將被永遠囚禁在這裡。有的人會因此突然殞命；有的人則像是失了魂，只留下空洞的軀殼。還曾聽說有人在睡夢中誤闖死城。當人們講述瀕死體驗時，經常提到的長長的隧道和花田，或是冥河三途川等場景，說不定都是死城的風景。

拖著孩童屍體遊蕩的女子

妃姬子

妃姬子是專門在下雨天出沒的女妖怪，穿著一身破破爛爛的白色和服出來攻擊兒童，而且每次出現必定拖著一具孩童的屍體。

只要看見兒童，妃姬子會以橫移步快速逼近。她的臉上布滿可怕的傷口，邊追邊問：「我的臉很醜嗎？」其實她的眼角和嘴角早已撕裂，模樣實在嚇人。此時如果回答「很醜」，會激怒妃姬子從而遭到攻擊並且捉走；如果回答「不醜」，她也只是高興一下，隨即動手打人並捉走。聽說被妃姬子捉住的小孩，會被拖行直到斷氣為止。

妃姬子原名「森妃姬子」，本來是位名字很好聽的女孩，可是她在學校經常被惡作劇和欺負，某次更是被人用繩子綁住雙腳拖行，也因此弄傷了臉。

此事導致她長期蝸居家裡不肯上學。只有下雨天時，呱呱叫的醜陋蟾蜍最能讓她忘記自己那張受傷的臉，所以她開始喜歡下雨。然後不知道從什麼時候開始，妃姬子開始選在下雨天現身攻擊其他小孩。

有人說她之所以選擇雨天出沒，那是因為大家撐著傘視線受阻，就不會看見她的那張醜臉了。

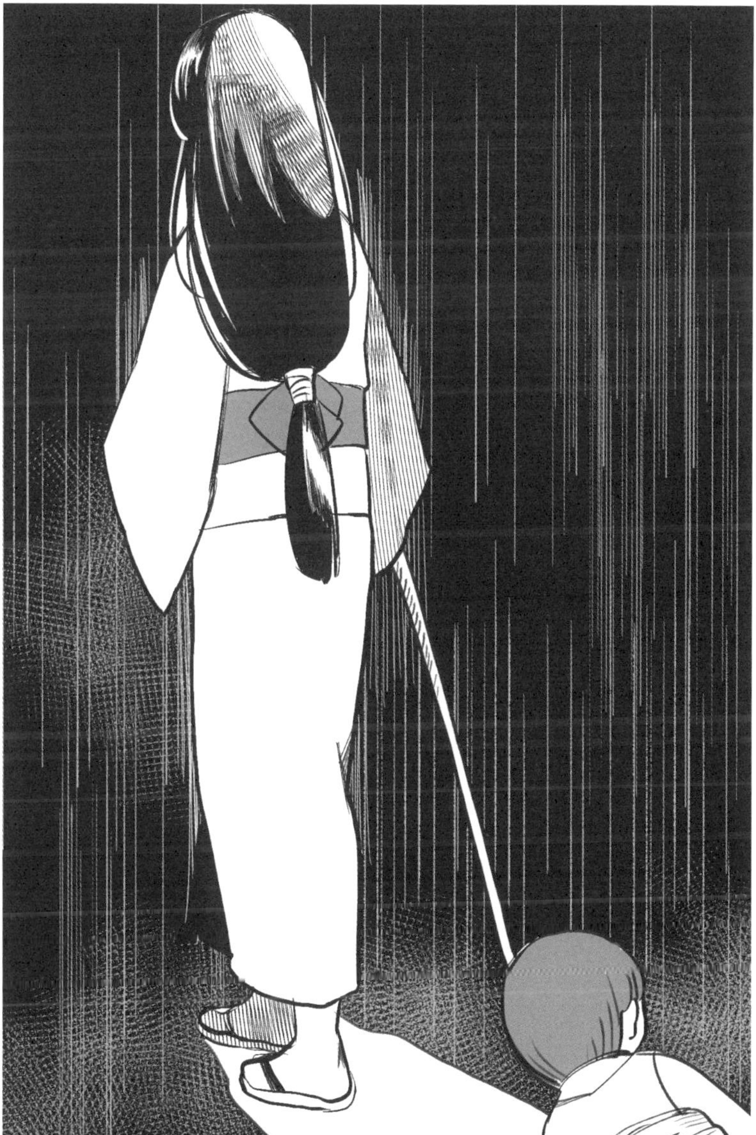

那個一百圓是我的吧？

百圓婆婆

　　關西地區某條國道與縣道的交叉路口附近，放有一台自動販賣機。

　　只要在這台販賣機買飲料，會突然出現一位老婆婆在身旁。當準備把硬幣投入投幣口時，老婆婆就會死死盯著那人的手並問：「那個一百圓是我的吧？」就算否認說不是，老婆婆仍會不停地問著同樣的問題。如果乾脆索性回答「是啊」，然後把硬幣遞過去，老婆婆就會憑空消失。

　　原來這名老婆婆以前曾在這裡準備買飲料。當她手握百圓硬幣，走向自動販賣機的途中，卻在前方路口遭車輾斃。據說後來那老婆婆就成了亡靈，從此以後，開始出沒在自動販賣機旁邊。

不要逃跑

米雪兒小姐

有兩名迷路的旅行者在山裡找到一間小屋，屋主婆婆先是為兩人指路，又叮嚀說：「看今晚這個情況，米雪兒小姐搞不好會出現。如果你們遇到米雪兒小姐，絕對不可以出聲，也不可以嚇得逃跑，反正就是要當作沒有看到。」

離開小屋後，兩人依照老婆婆的指引前進，卻總覺得好像有人跟在後面，回頭一看卻什麼都沒看到。可當他們再轉回頭來，眼前赫然出現了一名長髮女子。女子身穿藍色圓點罩衫、白色蕾絲裙，但腦袋卻只有一個拳頭那麼大。兩人果然遇上了米雪兒小姐，其中一人嚇得啞然失聲，腿軟直接癱倒在地；另一個人則是大聲尖叫拔腿就跑，米雪兒小姐大笑，追了上去。好不容易終於天亮了，那個軟腿的旅行者總算平安回到家，可是被米雪兒小姐追逐的另一名旅伴卻依然下落不明。

扯斷耳垂的線頭……

耳環洞的白色線頭

一位少女見朋友戴著耳環很好看，於是也興起打耳洞的念頭。她原本可以去醫院找專家幫忙，卻為了省錢決定自己穿耳洞。

過了幾天，她覺得耳垂特別癢，拿鏡子一照，竟發現有條細細的白色線頭從耳洞裡露出一截。少女正疑問那是什麼線頭，於是伸手試著拉拉看，豈料線頭一拉就斷，眼前跟著頓時一暗。原來這條白色線頭斷線的同時，少女也失明了。

除此以外，曾經聽說有人同樣扯了線頭，結果扯到眼珠子一百八十度翻轉，又或是從此再也說不出話來。

把娃娃拿去丟……

自己回來的娃娃

曾經有位女性把破舊的市松人形娃娃丟垃圾場，隔天早上，卻發現娃娃竟然完好地回到衣櫃上的原位，她詢問家人，卻都說並不知情。

女子覺得害怕，再次把娃娃拿去垃圾場丟掉，可是隔天早上，娃娃又回來了。無論她丟了多少次，娃娃總是會自己回家。正當女子在煩惱時，只見那娃娃竟緩緩轉頭，向女子粲然一笑。

此類遺棄娃娃而娃娃會自行回家的故事相當多，娃娃的種類也相當多樣，從日本娃娃、西洋娃娃、喝奶的娃娃，甚至士兵娃娃都有。據說是娃娃有了靈魂，要回來向遺棄自己的主人報仇。如果能妥善供奉起來，安撫娃娃的靈魂，便可以化解。

據說每到深夜，那顆眼球就會離開容器，
在院內四處遊走。

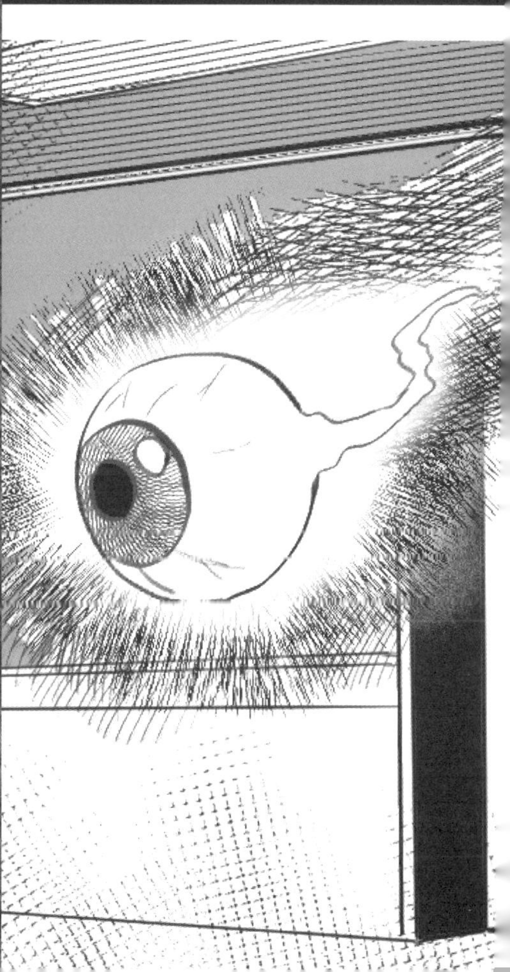

廁所裡的叫聲

佑子

從前，某所小學有一對名叫蜜子和佑子的姊妹。兩人感情很好，上學、放學和下課休息時間總是形影不離。

某天妹妹佑子想上廁所，於是姊姊蜜子帶她到一樓廁所最裡面的那間上。可是那間廁所是汲取式廁所＊，佑子一個不小心腳滑，卡在便池洞口。儘管蜜子立刻跑去求救，但最後還是來不及，佑子掉進便池溺死了。

據說，自那天起，只要有人在這個廁所的最末間裡喊五次「佑子」，就會聽見有人在喊「救命」的聲音。

＊汲取式廁所：排泄物會落入便器底下化糞池，待化糞池快裝滿的時候，再用水肥車利用高壓抽取後運走。在水肥車普及前，人們則是使用長柄杓子挖取穢物，因而得名。

死者的低語

你明明就看得到的幽靈

有位少女在行人穿越道等紅燈的時候，發現對面同樣在等紅燈的人群裡有一位氣氛迥異的女子。少女本身是靈異體質，當下就知道那女子不是活人。號誌變綠燈後，少女踏上行人穿越道，小心翼翼不讓自己的視線對上幽靈，怎知就在擦身而過的瞬間，幽靈竟低聲說：「你明明就看得到。」

像這樣會對路過行人說「你明明就看得到」的幽靈並不僅限於女性，聽說也有許多是渾身血跡斑斑的軍服士兵。有人曾經目擊過一隊士兵的亡靈在道路上行軍，並對擦肩而過的人說：「你明明就看得到。」

還有一次，一群孩子遠遠看見前方有位身穿和服的女性走來，孩子們無心說著「如果世上有幽靈的話，大概就會長得跟那個女人一樣吧」。果然就在擦身而過時，他們聽見女人小聲地說：「你們很懂嘛。」

是幽靈救了我嗎？

你怎麼沒死的幽靈

一名男子獨自在山間開車兜風，入夜以後迷失了方向。男子無意間撇了一眼後照鏡，忽然發現後座坐著一位女性。男子緊急煞車轉頭查看，後座卻是空無一人。男子鬆了口氣正準備繼續往前開時，才發現眼前竟是一片斷崖。

那男子正慶幸因為幽靈而逃過一劫，心存感激地倒車後退，卻又不知從何處傳來女性的聲音說：「你怎麼沒死？」

不少人都聽說過這個靈異故事。不同版本則是說，在行駛途中，有位渾身是血的女性幽靈突然出現在車頭前方，緊急煞車後才發現前方是斷崖，正暗暗感謝幽靈示警，卻聽見女子說了一句：「你怎麼沒死？」

吸血的眼球

曾經有一位女子因為想擁有雙眼皮所以去做美容整形手術，豈料手術失敗導致失明。

女子因此罹患精神疾病而住院，卻在住院期間殺了人，逃出醫院後直接跳崖自殺了。後來聽說人們從海裡把她的屍體打撈上來時，她的手上竟黏著好幾顆眼球。

某家醫院取得其中一顆眼球，泡在福馬林保存，據說每到深夜，那顆眼球就會離開容器，在院內四處遊走。一旦發現患者，眼球會衝上前吸血，而且體積會隨著每次吸血越變越大。

最後，當那顆眼球膨脹到與一位成年人差不多大時，終於在醫院爆裂噴濺，鮮血四濺，從此那間醫院被封鎖，無人再踏入。

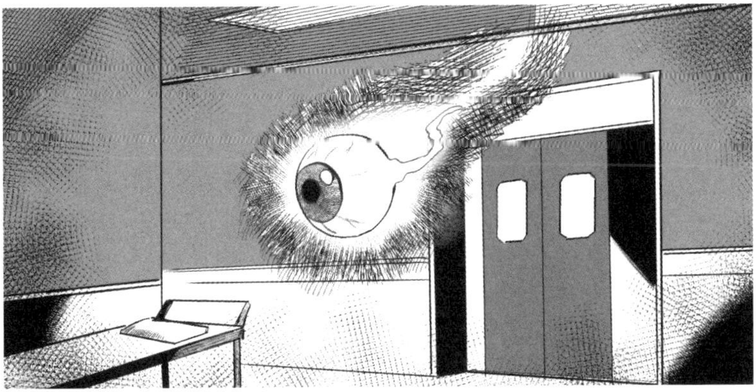

美麗櫻花樹的祕密

吸血櫻

櫻花樹為何能開出醒目而又美麗的淺紅色花朵？有人說那是因為櫻花樹下埋著人類的屍體，櫻花樹汲取人血，方能綻放得如此豔麗。

某所學校的校園有株綻放朱紅色花朵的櫻花樹。據說樹根下埋著人類屍體，櫻花才會逐漸變成詭異的血色。

曾經有棵櫻花樹下埋了無數屍體。聽說在四月四日下午四點四十四分，逆時針繞著樹不停地走，盛開的櫻花轉眼便開始凋零，花瓣變成赤紅色。

據說還有另一間學校有株從不開花的櫻花樹，每當開花的時候，那年必定會有一名學生暴斃而亡。

抱嬰兒的妖怪

尾張呂山的怪女人

有一所高中的後方，有一座名為「尾張呂山」的山，校內流傳著這麼一則怪談。

曾經有位女老師在夜裡入山，她來到山頂附近，忽然聽見身後傳來女性的柔弱聲音說：「不好意思。」轉頭一看，是一位抱著嬰兒的纖細女性。那女子接著問：「可以幫我抱一下這個孩子嗎？」老師回答：「可以啊！」並接過嬰兒，那女子臉上竟浮起一抹詭異的笑容，撇下一句「這下我總算可以回到人間了」，就此消失在森林的幽暗處。

從那晚以後，女老師便下落不明，又聽說曾經有人在尾張呂山看見一位抱著嬰兒的女性，樣貌似乎與那名失蹤的女老師一樣。

廢墟的那個「我」是誰？

我

曾經有兩名小學生相約前去廢墟探險試膽。那棟建築物於二樓的大門前寫有「我在 前方房間 裡面」的字樣。兩人進門後繼續前進，廊道盡頭分成左右兩條路，牆上寫著「我在左邊」。往左邊前進後，又看到牆上寫著「頭在 左邊 身體在右邊」。這時其中一人因為太害怕而逃走了，另一個人還是很好奇繼續走會有什麼發現，於是選擇往右邊前進。走到底又是一面牆壁，寫著「我的身體 在這個 下面」，少年小心翼翼地低頭往下看去，就在這個時候卻聽見下面傳來一個聲音說：「我的頭從左邊房間過來了，不要往後看喔。」這下子少年也嚇到了，慌亂下直接從二樓窗戶往外跳到一樓，倉皇逃離廢墟。可以想像的是，從下面傳來的那個聲音，很可能是在廢墟中徘徊的無頭身體——「我」所發出的。

電話是誰打的？

我現在過去

有男子家裡的電話響了，他接起電話，電話那頭只說句「我現在過去」，然後就掛斷了。男子心想這聲音好陌生，大概是打錯電話了。可是過了一會，電話再次響起，電話那頭又是同樣的聲音說：「我到了。」男子頓時覺得有點恐怖，於是跑到玄關前從大門的貓眼往外看，竟然看見門外有一顆巨大的眼珠子。

永遠回不了家……

彷徨少女

這是個專門在某所學校放學時間出現的少女妖怪。

妖怪外表看起來是位穿著水手制服、面色死灰的少女，總會在放學途中追逐下課的孩子。如果被少女追上，卻只是不停逃跑的話，就會在不知不覺間闖入一個完全陌生的地方，從此只能在那裡徘徊流浪，永遠回不了家。

不可以看牠的模樣……

扭扭

這是種網路流傳的生物，經常出現在田間或海邊，不停地扭動白色的身體，其關節能夠以非人類的形狀彎折。

如果從遠處看到扭扭是不會怎樣，可要是近看，又或者拿望遠鏡試圖看清其真面目的話，據說會引發精神異常。

曾經有位少女在海邊看到扭扭。少女的視力極佳，即便站得很遠，還是能夠清楚看到，結果這一看讓少女驚聲尖叫、精神錯亂，甚至對大腦造成難以彌補的嚴重創傷。

另外還曾經聽說過，有小孩看到扭扭以後忽然發瘋似地大笑，並且不斷扭動身軀。那個小孩很可能會變成另一個新的扭扭。

我的腦袋在哪裡……

找腦袋

這是某個平交道有幽靈出沒的故事。在平交道附近有所學校，校內有一名學生是短跑選手，他的腳程很快，可惜這名學生卻在通學途中於平交道遭電車輾斃身亡，當時他的頭顱被輾斷，不知道滾到了哪裡，至今都找不到。

自從這起意外發生以來，平交道附近就開始傳出有人目擊到無頭幽靈的傳聞，都說那幽靈每晚在附近遊走，尋找自己的腦袋。

除此以外，若是有人走在鐵軌上，無論距離平交道多遠，無頭幽靈都會以驚人的速度跑過來。有人說無頭幽靈是在警告他人不要被電車撞到，卻也有人說幽靈是想要趁著發生電車事故以奪取別人的腦袋。

少女想要什麼？

把指甲給我

有一所學校，警衛會在晚上十點校園巡邏時，發現二樓水龍頭正滴滴答答地漏水，順手便扭緊了水龍頭。十一點再次巡邏時，這回是三樓水龍頭沒關好，他再次關上水龍頭。到了凌晨兩點，這次發現四樓水龍頭竟嘩啦嘩啦地流。警衛先把水關上，心想肯定是有人入侵校園，於是決定在學校內仔細搜查一番。

警衛沿著走廊一一查看各個有可能藏匿的地方，走著走著覺得理科教室好像有人，他拿手電筒往裡面一照，果然看見有名約莫八歲的少女正叉著手瞪著自己。再定睛一看，那少女竟然只有上半身。

嚇得警衛拔腿就逃，一路跑進廁所躲在第四間裡不敢出聲。可是那少女也追到廁所來，並一間一間打開門尋找著，但不知為何就是沒有打開警衛躲藏的那一間。警衛不禁顫抖著抬頭往上看，發現少女竟然掛在門板上方俯視著自己，並且說：「把指甲給我！」

隔天早晨，有人發現了倒在廁所裡的警衛，而他雙手的指甲竟全被拔了下來。

杉澤村

杉澤村位於深山老林，是個遠離塵煙的村子。

從前，這個村子發生過一起悲劇，一名年輕人用斧頭殺害全村人，最後自殺。杉澤村因為這件慘案成了廢村，並且從地圖上消失。據說，任何誤入此村的人，無一生還。

儘管如此，還是有些人躍躍欲試想一探杉澤村。根據他們的說法，進村的道路旁會先看到一面寫著「若再往前，小命不保」的看板。村子入口有座腐朽的鳥居，底下擺著骷髏形狀的石頭。再往裡走去，會發現村內已經化作廢墟、破舊的屋宅，每間房都留有當時大量鮮血噴濺飛散的血跡。此景此情，彷彿案件才剛發生不久，讓人恐懼戰慄。聽說不少人無法承受這股恐怖氛圍而逃回車內，但擋風玻璃上卻突然被拍上了好幾道滴血的鮮紅血手印。

凡是去過杉澤村的人，就算當下得以平安逃脫，數日過後也會失蹤。

無論是誤入此地，抑或是特地來訪的好事之徒，全都難逃當初那場慘絕人寰的血案所遺留下的怨念給吞噬，成為不歸之人。

再往前進
小命不保

陽台上面帶笑容的女子

沙沙女

這事情發生在某一所學校。有位男學生結束社團活動，準備要回家時才想起忘記拿東西。他在折回教室的途中不經意抬頭望向校舍，發現自己教室外的陽台上好像有人，是一位長頭髮的女孩。

男學生走進教室，看見那女孩像是蹲著，心想這時間大家都已經放學回家了，怎麼還有人留在學校呢？男學生問：「妳還不回去嗎？」然後走向陽台，這時發現那女孩竟然只有上半身。

男學生當場嚇得無法動彈，只見那女孩望向男學生，才終於露出微笑，然後發出沙沙沙的聲音，她跳上陽台扶手，並且踏著扶手揚長離去。

肇事逃逸的恐怖故事

肘爬婆婆

深夜，一名女子開車行駛在路上時，突然有位婆婆衝出車道。她雖然已經緊急煞車，卻還是把婆婆輾了過去。那女子見附近沒有目擊者，所以並未伸出援手，最後選擇逃逸。她一心只想趕快離開，然而當她瞥了一眼後照鏡，卻發現那婆婆用雙手手肘支地，左右交互爬行，朝她追了過來，速度還出奇地飛快。女子嚇得猛踩油門加速，這才把婆婆甩掉。

確認婆婆沒有追上來後，也不知道是不是剛剛繃緊的神經突然鬆弛下來的緣故，讓她忽然很想上廁所，於是跑進公園找廁所。正當準備上廁所時，她不經意往上看，竟然看到那婆婆在門板上面探頭，正笑吟吟地俯瞰著自己。

化作幽靈仍然掛念孩子

育兒幽靈

某個驟雨的盛夏深夜，一位貨車司機在隧道入口停車讓一名年輕女性上車。開進隧道後，車內忽然瀰漫著一股異樣寒氣，甚至有鬼火飄飄然出現在前方。女子在隧道另一頭的村子下車以後，車內的寒氣瞬間消散。後來，司機曾多次駛經該地，女子每次都會出現在相同的地點，司機依舊把女子載到相同的村落。原來女子在多年前產下嬰兒後便過世了，而孩子被寄養在隧道另一頭的娘家，女子的亡靈就這樣日復一日，每晚從墓裡趕去給嬰兒哺乳餵奶。

除此以外，也曾聽說過類似的故事，有位母親背著嬰兒去買奶粉時，卻在店門口前被車撞死，後來變成幽靈去店裡幫嬰兒買奶粉的故事。

貝多芬怪談

這是全日本學校均有流傳的都市傳說，往往會被學校列為七大不可思議之一。

據說深夜來到音樂教室，有時候會發現貝多芬的肖像畫發生各種不尋常的變化，包括眼睛發光、眼珠轉動、流淚、發怒、口含鮮血而笑、改變身體方向等，甚至還有人聲稱曾經目擊貝多芬和舒伯特的肖像畫在吵架。

還有一說是貝多芬會跑出來彈鋼琴。半夜十二點的時候，肖像畫裡的貝多芬眼睛會骨碌碌地轉動，然後從畫中跳出來彈奏「給愛麗絲」。

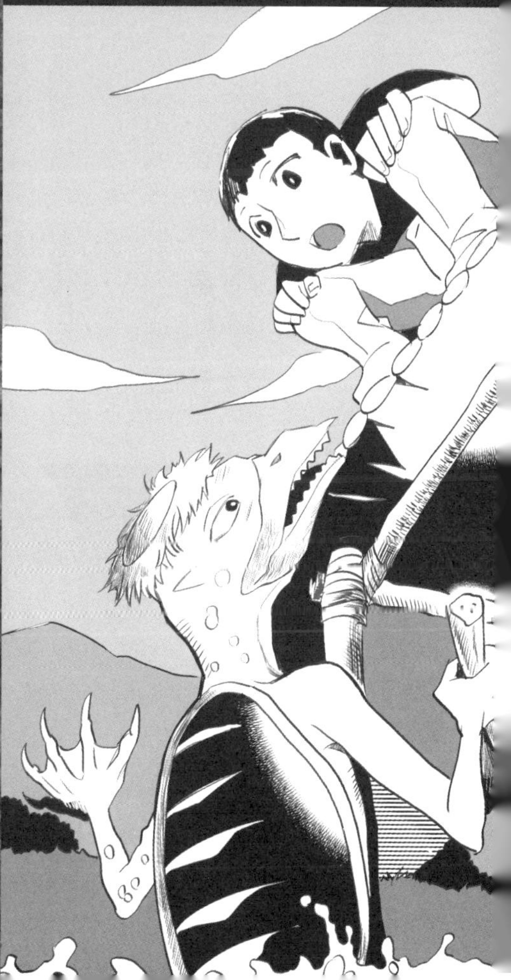

村子裡住著一群河童，跟村民的關係很好。
某天河童沉痛地說：「幫我換換河水，河
水很恐怖。」

啃胡蘿蔔的女人

兔子的詛咒

一名男子上山狩獵時發現一隻兔子落入陷阱，他俐落地砍下兔子頭，把整隻兔子烤來吃，飽餐一頓後才驚覺，兔子頭竟然不見了。

當晚男子在山上小木屋過夜，忽然聽見敲門聲。開門一看，門外是一名女子，說是迷路了，加上天色已晚，請求男子借住一宿。男子一口答應，女子為了表達謝意，想要親自料理請男子吃，可是端上桌的卻是水煮胡蘿蔔，女子還開始用門牙啃著胡蘿蔔。再仔細一看，那女子身體纖細的像根樹枝，手臂更是只有骨頭。男子納悶說：「為什麼身上沒有肉？」話音一落，只見那女子的雙眼變得血紅，門牙瞬間暴長，高高地舉起鐮刀大喊：「還不是被你吃掉了！」

夢裡啃食人頭的少女

咔咔咔

這是種只會出現在夢中的妖怪。妖怪的長相是個留著妹妹頭的少女，卻會啃食人類的頭顱，其名便是來自於啃咬頭顱「咔咔咔」的聲音。

聽說有人在夢中誤闖一所國中時，遭遇咔咔咔襲擊，當場被妖怪吃掉了腦袋。不過咔咔咔似乎無法踏出校門。

還有人曾經多次夢見咔咔咔。雖然說咔咔咔來襲時只要從校門離開就能得救，但是咔咔咔每次出現時，都會使用新的策略來阻止逃跑，所以要躲過咔咔咔其實並不容易。

每次夢見咔咔咔，危險程度可以說是一次比一次更高。

帶著日本刀的繃帶男

咚咔啦咚

咚咔啦咚會以全身纏滿繃帶的人類模樣現身。據傳，他會帶著一把日本刀，騎著腳踏車，口中哼唱「咚、咚、咚咔啦咚」。

每次遇見人，他劈頭就會命令對方「說『咚咔啦咚』！」若依言照做，便可以毫髮無傷地離開。但如果不聽從命令，又或者是在他命令以前先說出「咚咔啦咚」，咚咔啦咚會立刻怒而拔刀砍人，接著被砍的人就會被他用繃帶纏起來，變成一個新的咚咔啦咚。

咚咔啦咚大多都是獨自行動，但有時也會集體出現。

絕對不可以開門

夜半敲門聲

三名青年登山時迷了路，好不容易找到一間看起來很有歲月感的大房子。這裡只有一位老婆婆獨自居住，老婆婆答應讓他們借住一晚，卻再三叮囑他們：「就算半夜聽到敲門聲，也絕對不可以開門。」

當晚三人在房間裡喝酒，門外果然傳來了叩叩兩聲的敲門聲。酒醉的三人早已忘了老婆婆的忠告，直接開了門。只見門外走廊上空無一人，也並沒有什麼異樣。於是，他們回房就寢，隔天早上醒來，竟也忘了昨晚應門的事。

可怕的是，他們返程途中有一人急症發作，當場暴斃；另一人則是在路上遭遇事故，被車子輾斃。只有第三個人平安回到了家，可是住家卻在不久前發生火災，家人在這場火災中全數罹難。

墜落深不見底的山谷……

夜叉神之淵怪談

故事發生在一個名叫夜叉神之淵的山谷。這是一處極深的山谷，據說一旦掉下去就會屍骨無存，因此成了自殺聖地。

一對情侶開車來到溪谷遊玩。來到溪谷後，女子卻呆呆地望著谷底，一瞬間恍神，等到回過神來卻發現男友不見了。她擔心男友會不會是墜落深谷，於是跑到附近的城鎮求救。然而鎮上的人們卻異常冷漠，沒有人願意聽她說話。

正當女子感到手足無措時，突然在聚集過來的人群中發現了一張熟悉的面孔，長得很像自己的男友。這時，女子才猛然想起，原來剛才他們兩人早已一同墜落山谷……

瞬間，女子驚醒，恢復意識的她發現自己躺在醫院的病床上。原來當時兩個人往谷底觀望時不小心失足滑落，女子幸運摔落至半途停了下來，被後來的人發現並通報救護車送往急救，經過一夜與死神拔河，她終於撿回了一條命。但男友就沒這麼幸運了，他一路跌至谷底，屍骨無存。

至於女子當時前往求救的那個城鎮，據說是亡靈們的居所，這裡聚集了所有墜落夜叉神之淵而喪命的亡魂，成為了不歸人。

廁所裡拜託人幫忙的少年

宗近君

宗近君是個出沒在某小學男生廁所的妖怪。

據說，有位少年去上廁所時，聽見某個廁間傳來一個孱弱的聲音說：「不好意思，可以請你幫我去附近藥局買瓶能量飲料嗎？」少年依言買來了能量飲料，只見一隻手從廁間門縫伸出來接過飲料，咕嚕咕嚕地開始喝了起來。沒想到喝完後，那孱弱的聲音卻忽然轉為粗獷，開始大喊：「來吧來吧衝啊衝啊！」隨即在廁間內傳來陣陣暴動聲響。根據另一名少年的親身體驗，如果買錯了能量飲料，那麼宗近君則會暴怒大罵，聲音恐怖得讓人晚上都睡不著覺。

如果有人在走廊拿捲筒衛生紙搗蛋，弄得滿地都是衛生紙。這時宗近君會從男廁跑出來，口中說著「這樣不行。這樣不行」，一面收拾著散落的衛生紙並捲回原樣，一面追逐調皮搗蛋的孩子。據說，那些少年後來去上廁所時，會發現廁所裡的衛生紙全是皺巴巴的，就像是被展開後又重新捲回去的一樣。

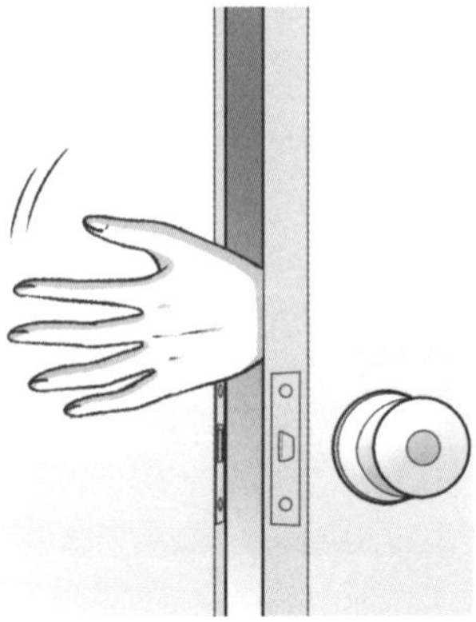

跟我做朋友……

怕寂寞的幽靈

曾經某棟公寓有位獨居的女學生，她因為交不到朋友覺得孤獨寂寞，所以選擇在房內上吊自殺。

自那以後，每月的十五日，女學生的幽靈就會在那棟公寓現身。傳聞看見她就會死，而公寓的居民也都知道絕對不能直視她。

就在某個十五日，同公寓有位男學生待在房間裡，聽到門外傳來一個微弱而可愛的女聲，輕輕叫著自己的名字——正是那位自殺女學生。

房門上著鎖，而男學生並未開門，誰知道幽靈竟然把門打開飄進了房內，然後用她的長髮將男學生絞死。

案件發生後，那間公寓就被拆除改建成集合住宅，可是女學生的幽靈依然會在每個月的十五日出現。

三個人合照的時候……

拍照站中央的怪談

這個都市傳說的故事是，當三個人並排站一列的時候，不好的事情一定會發生在站中間的人身上。常常聽說只要三個人一起合照，中間的人會從照片上消失，又或者會在不久之後離奇喪命。

明治時代的人們都不喜歡三人合照時站在正中間。因為當時的人們深信，只要站中間都會早死，靈魂甚至會被相機吸走。為了避免這種情形，早在戰前就已有習俗流傳，站中間的人須拿著娃娃拍照，如此一來，照片裡的人數就會是四個人，而非三個人。

除了拍照以外，其他人數為三的怪事也不少，許多學校便流傳著各種類似的傳聞。

傳說只要三個人並排，站在學校樓梯間平台處設置的鏡子前，中間那人的意識會跟幽靈交換位置；也有一說是，三個人在廁所裡照鏡子，不知為何鏡子裡竟然無法映出中間的人……

另外有傳言，在凌晨十二點，三個人站在學校教職員室的大鏡子前，非但照不出中間那人的身影，甚至還會在兩個小時後莫名死亡。更有流言指出，若是三個人一起去體育館的女廁上廁所，站中間的人會在下次上廁所的時候斷氣。

還有傳聞是說在某所小學的操場上有座白熊像，千萬不可以三個人一起跨坐在上面，否則坐中間的那個人就會死。

用手機召喚出來……

怪人 Answer

透過網路而為人所知的怪人Answer，據說能夠回答任何問題。想要召喚怪人Answer就必須使用手機。

首先準備十支手機，十個人圍成一圈，然後各自打電話給身旁的人。第一支手機撥給第二支，第二支撥給第三支，第三支撥給第四支，依此類推，最後第十支撥給第一支手機，一切準備就緒後，十支手機同時按下撥出鍵。照理來說，每支手機應該會轉入語音，並聽見電話正在通話中才是，可是不知為何，電話卻能撥通，而且接電話的人是怪人Answer。

這十個人可以在電話中向怪人Answer問問題，無論是任何領域的任何問題，其中的九個人都可以得到答案。

只不過第十個人非但無法獲得回答，怪人Answer還會反

問他。那個問題極難，如果沒能答對的話，就會有一隻手從手機螢幕裡伸出來，將那人身體的一部分給扯下來。

據說怪人Answer沒有全身，只有一顆頭顱，就是利用手機來蒐集人體各部位，將它們拚湊成自己的身體。

至於他已經搜集到什麼程度，那就沒有人知道了。

河童的言下之意

河童

這是數十年前發生在福井縣某個村子的一件事。

村子裡住著一群河童，跟村民的關係很好。某天河童沉痛地說：「幫我換換河水，河水很恐怖。」村民依言來到附近的九頭龍川去看，卻發現河水一如往常清澈，並無異樣，但河童仍口口聲聲說：「這樣的地方我沒法住。」村民覺得莫名其妙，所以對河童越來越冷淡，最終，河童離開村子搬到山裡去了。

數年後，一名學生聽聞村民提起河童的故事，遂託人針對九頭龍川進行水質調查，才發現河水已經遭到有毒物質污染，原來是河川上游的礦山洩漏鎘而造成污染。

河童所稱「河水很恐怖」原來是這麼回事。拜河童之所賜，人們才得以發現污染公害。村民對當初沒能認真重視河童們的提醒而感到懊悔，於是來到河童居住的山裡道歉「河童河童，當年不相信你們的話實在很抱歉。村子如今因為你們始得倖免於難，謝謝」。

語畢，濃霧中傳出一個細小的聲音說：「百年以後，我們會再回到村裡。在那之前請讓河水恢復乾淨吧。」

不可以看的畫

武士隧道

有個恐怖的傳說，有一幅只需看一眼就會遇襲的畫作。

神奈川縣的深山裡，曾經有一座廢棄隧道，現在已經不在使用。在隧道裡卻不知何時被人畫了一幅令人毛骨悚然的武士畫。不少好事者都跑來看畫，但詭異的是，看過畫的人紛紛在出隧道的瞬間突然倒地斷氣，非但渾身是血，身上還有數不清的傷口，而傷口看起來就像是遭到日本刀斬殺。更不可思議的是，隨著遇害人數逐漸增加，那面武士畫的顏色也變得更加鮮豔。

琦玉縣也有個武士隧道，隧道內的牆面上畫著戰國時代戰死的九十九名武士。傳聞在隧道裡數著畫，當數到第九十九名武士的時候，第一百名武士就會出現在背後。

丟木屐的大叔

注意木屐

這則都市傳說講述的是某座隧道入口掛有「注意木屐」的標示牌，車子開進隧道，就會碰到穿木屐的大叔幽靈，他會朝車輛丟木屐。萬一被木屐砸中，那人隔天就會暴斃。

這座隧道實際位於北海道，人稱「怪物隧道」。然而，隧道口的標示牌上並非寫著「注意木屐」，而是「注意高度」。有些隧道也可以看到同樣的警告標示牌，因為這些隧道通常比較低矮，車輛通過時有可能會碰撞到隧道，所以通常貼有「注意高度」的告示牌。推測大概是有人把「高度」（けた）看錯成「木屐」（げた），傳說從而誕生。除此以外，另有傳聞指出，在附近曾有一對輕生自殺的親子亡靈也會出沒在這個隧道。

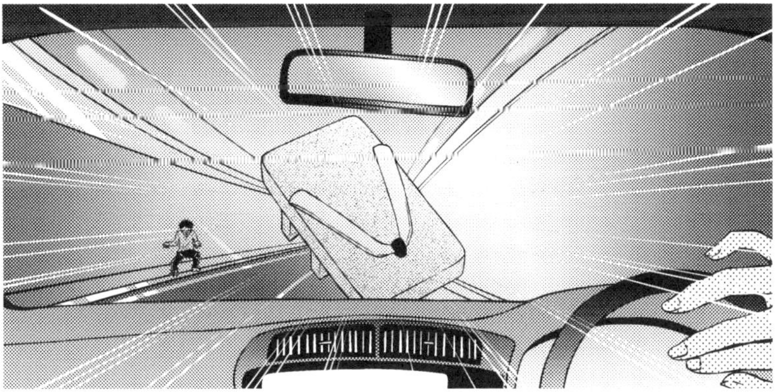

為人提供諸多回答的靈

狐狗狸*

先在桌面鋪上一張紙，寫下日文五十音平假名，並畫上鳥居和「是」「否」等字樣。接著，再取十圓硬幣放在鳥居上，所有參與者各自伸出一根食指按住十圓硬幣，一起念誦：「狐狗狸、狐狗狸，請出來。」忽然，十圓硬幣開始移動，並回答眾人提出的任何問題，這便是所謂的「狐狗狸」，是種透過召喚靈體進行占卜的儀式，據說早在明治時代便已存在。

但只要在召喚過程中弄錯一個步驟，將會招致非常恐怖的後果。這時就算想要終止召喚並請求狐狗狸「請您回去」，狐狗狸會開始回答「殺」或「詛咒」等與問題毫不相干的答案。又或者是會導致有參與者忽然神志不清，開始胡言亂語的現象發生。

「狐狗狸」源自美國的「旋轉桌」（Table-turning），這是一種降靈術，參與者將手放在桌面，唱禱咒文以召喚神靈。據說當年旋轉桌傳入日本時，因為占卜所用道具傾斜的樣子，所以才被稱作「狐狗狸」。

＊狐狗狸：據說旋轉桌是在一八四四年由漂流至伊豆半島的美國船員傳入日本。由於當時西式桌子在日本並不普及，人們便以三根竹子支撐櫃子作為替代品。因櫃子傾斜晃動的模樣，被稱作「こっくり」或「こっくりさん」。後來，人們以「狐」、「狗」、「狸」作為「こっくり」的漢字表記，因此得名。

憑空出現的神祕車站

狐狸先生的車站

日本某地的一條私鐵沿線，座落著一座大神社，該神社的巫女都知道有一個不可思議的車站。據說，當電車行駛在山谷間時，一轉眼就會看見有個陌生的車站。

電車通常都是過站不停，很少會在這裡停車。乍看之下，月台和屋舍都跟普通車站沒有什麼兩樣，只是不曾見過任何站務人員或乘客。車站的站名也是每次都不一樣，唯一不變的是，站名總是以平假名書寫。在剪票口的另一頭，只能看見一條通往深山的小徑，除此以外什麼都看不到。

神社的人都把這個車站稱作「狐狸先生的車站」。聽說只要在這裡走下電車，就再也回不來了。

出沒廁所的母女亡靈

花子的媽媽

某所學校有一間女廁，其中一間是無論何時一直有人在裡面，就算放學也不見任何人走出廁所，裡面還會傳出哭泣的聲音。

有位女老師發現此事覺得擔心，於是前去女廁開門，結果看見裡面站著一位穿著和服的女性，哭著問老師說：「我女兒花子有沒有來？」女老師想去教職員室找其他老師來幫忙，卻見那女子突然臉色突變，厲聲大叫：「妳要把我的花子帶到哪裡去？」這時老師才發現自己身邊不知何時已經站了一名陌生少女。老師正要開口問時，少女卻衝了過來一把將老師撞倒在地，和服女子隨即撲坐上來掐住老師的脖子，而少女也跟著伸出手掐脖子。和服女子越掐越緊，一邊大叫：「很痛苦吧！花子和我更痛苦！更痛苦！」女老師的意識逐漸朦朧，但還是拚命地念佛。不久，女子和少女就消失不見了。

原來數十年前這所學校發生過一樁慘案，當時有個名叫花子的學生，在放學回家途中遭不明人士襲擊殺害，而她的遺體就是在這間廁所被發現的，少女的母親因此悲傷過度而死，出現在廁所裡襲擊女老師的，正是這對母女的亡靈。

險些被帶走的少女

邱比特

邱比特是一種召喚靈體來卜算諸事的占卜術。首先，取白紙寫上數字0到9、五十音平假名，愛心符號以及「是」「否」等字樣。接著，打開窗戶，將十圓日圓硬幣放在紙面，然後食指按著硬幣召喚邱比特。這時只要問問題，硬幣就會自動在紙面移動來回答。

曾經有一位少女相當熱衷這項占卜術，甚至已經和邱比特很熟了。某一日，邱比特問：「死亡好可怕，妳和我一起走好嗎？」少女以為自己就要被邱比特帶走，嚇得大喊：「我還不想死！」邱比特回答：「謝謝妳肯說真話，再見。」然後就消失了。後來才得知，原來邱比特是曾遭人霸凌而自殺的學生亡靈。

千萬要小心

注射男

注射男出現時的模樣總是全身纏滿繃帶，手裡還拿著針筒。

他經常躲在電線桿後等人路過。一旦有小學生經過，他就會叫住對方故意問：「你知道現在幾點嗎？」使人鬆懈防備，然後在小孩的手臂上注射毒藥。

其實注射男本來是位人類。從前他被家人軟禁在家，死後因懷有怨念而無法成佛，故而淪落成了妖怪。

轉動翅膀現身

直升機婆婆

這是個出沒在某座墓地的老太婆妖怪，她會轉動形似直升機螺旋葉片的翅膀，眼中放著紅光。

據說，婆婆生前因為一起直升機墜落事故中失去了所有家人，過度悲傷選擇自殺，最後化作了妖怪。

她走到廚房，想問母親有沒有看見娃娃，
卻看見沾滿鮮血的娃娃站在砧板上。

頭髮不斷變長的娃娃

阿菊人形

北海道的萬念寺有個頭髮會不斷生長的少女娃娃，叫作「阿菊人形」。

大正時代，一名少年為妹妹菊子買了一個娃娃，娃娃有著一頭齊瀏海短髮，只要按壓胸口還會發出聲響。菊子好喜歡這個娃娃，然而，妹妹卻在三歲時不幸夭折。不久後，發生了非常不可思議的事，原本連同菊子骨灰一起供奉於佛壇上的娃娃，頭髮竟然開始變得越來越長。

後來少年一家人決定移居搬離北海道，把娃娃和菊子的骨灰寄放在萬念寺。幾年過後少年再次來到萬念寺，發現娃娃的頭髮又更長了，原本的短髮已經長至及肩。據說，時至今日，「阿菊人形」的頭髮仍在不斷生長中。

沒人的棉被裡……

保健室的睡美人

曾經有一所學校，學生獨自躺在保健室病床上休息時，發現隔壁的病床明明沒睡人，棉被卻鼓起來，彷彿裡面有人躲著，甚至還會傳來「好痛苦……救命……」的聲音。有些人會擔心是否發生了什麼事，上前掀開棉被一看，卻發現棉被下空無一人。

原來，這所學校曾經在成果發表會上安排一齣《睡美人》的演出。當時扮演睡美人的少女在演出結束後感到身體不適，於是去保健室休息，豈料她突然急性心臟衰竭，加上當時保健室並沒有其他人，使得少女就此殞命。少女的幽靈便成為了保健室裡的睡美人。

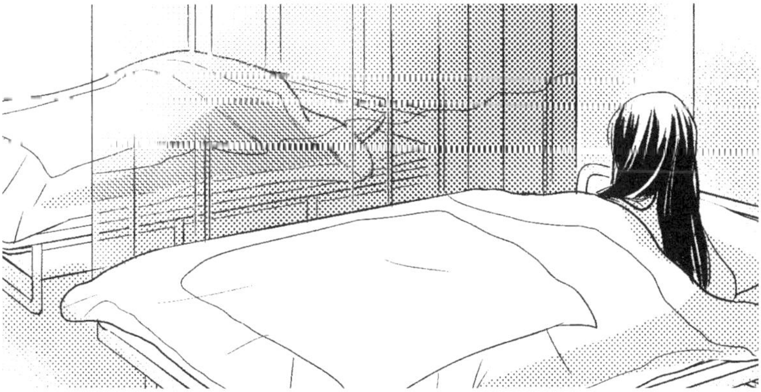

異世界的領路人

前往異世界的方法

網路曾經流傳著一種透過電梯便能前往異世界的方法。首先利用十層樓以上高樓的電梯，而且必須是獨自一人搭乘電梯，接著依序按下四樓、二樓、六樓、二樓、十樓、五樓來移動電梯。如果過程中有其他人進電梯，儀式便會失敗。倘若其間都沒有其他乘客，順利抵達五樓，就會有位年輕女性走進電梯，這個時候再按下一樓按鈕，但電梯並不會下降，反而會升上十樓，當電梯門再次打開，在電梯門外的另一邊，就是除自己以外再無其他人類的異世界。

至於接下來會怎麼樣，那就不得而知了。因為任何人一旦涉足異世界，就再也回不來了。而那位在五樓上電梯的年輕女性，並不是人，而是帶領自己前往異世界的領路人。

廢棄校舍裡聚集的學生

幽靈上課

曾經有所學校，這裡有一位即將退休的男老師。他雖然認真教學，但是因為性格內向，所以不太受學生喜愛。

某天晚上，另一名女老師發現男老師走進某棟已經荒廢好幾年的舊校舍。在好奇心驅使下，她悄悄地跟了上去，沒想到，她竟然看到廢校的教室裡坐滿了學生，而男老師正生龍活虎、口沫橫飛地講課，那充滿活力的模樣與平時相比之下簡直判若兩人。

女老師上前提醒男老師，在廢校上課似乎不妥，但他卻說：「這些孩子很喜歡聽我講課，我也講得很開心。」學生們更是異口同聲說：「不許妳說老師的壞話！」並團團圍住女老師。女老師拚命逃跑，等她跑出校外，不知為何，那群學生卻只追到校門口就停下，沒再追出來。

女老師立刻報警，隨後在警察的陪同下返回廢校，但教室裡卻早已空無一人。仔細尋找下，在滿是灰塵的教室地板上撿到一張照片，照片中赫然發現那位男老師和那群學生。

原來，十年前這所學校曾發生過一場火災，燒死了大批學生，學校因此被裁撤廢棄。那晚以後，那名在廢校上課的男老師從此不知去向。

錄影機錄到的聲音

幽靈鬼屋

有一間房子曾經發生過全家慘遭殺害的案件，後來房子成了廢墟。據說那棟房子裡至今仍有罹難亡靈徘徊不去。

後來。有名男子帶著錄影機前往這棟廢墟探險。他先是在玄關說了聲：「叨擾了。」然後一邊拍攝，一邊自言自語地說著「這房子已經有相當的歷史了呢」、「上面還有二樓呢」，四處查看各個角落。

回家以後，他把先前錄好的影片拿出來播放，卻發現在他自言自語的時候，竟然清楚地錄到一位女性的聲音，回答他「是」、「沒錯」。雖然越看越害怕，但他還是繼續看下去。直到影片末尾，他在臨走時說了聲：「不好意思打擾了。」然而，這時影片裡又傳來了低沉的恐怖聲音說：「等一下。」

三面鏡怪談

映出死狀的鏡子

據說，只要稍微調整三面鏡的鏡面角度，便能讓單一物體在鏡中反射出好幾個映像。鏡面不斷反射，鏡中的物體會看起來越來越小，似乎能無限延伸下去。不過，三面鏡有時也能照出平常看不見的東西。

如果在半夜十二點整準時坐在三面鏡前照鏡子，這時就會發現右側鏡面裡的第七張臉有點不一樣。原來這正是那人死後的臉孔。根據不同說法，除了十二點以外，也有人認為在半夜兩點照鏡子也能見到。至於死後臉孔會出現在第幾張臉則是說法不一，有說第七張臉的，也有第三、第八，或第十三張臉的說法。

也有人相信，三面鏡跟死亡世界是互通的。

從畫中躍出的少女

穿水手服的少女

這是一個關於某幅繪畫的奇異故事。

某所小學的牆壁上掛著一幅題為「水手服少女」的畫作，畫中少女是名膚色白皙的金髮美女。同時流傳著一個奇妙的傳言，每當綠色電車從學校旁邊的軌道駛過，少女的眼睛就會發光，然後從畫裡跳出來。

曾經有人目擊這位從畫裡跳出來的少女，被少女嚇了一跳不小心把她弄傷了，後來再回頭檢查那幅畫，發現畫中的少女果然在相同部位有個新的傷痕。

另一則類似的傳說，〈蒙娜麗莎怪談〉（見第二五二頁）則是描述畫中女子爬出繪畫的離奇現象。

在牆面上垂直移動

突破天花板的少女

有位女學生走在學校二樓的走廊，一位臉色蒼白的長髮少女迎面走來問：「請問理科教室在哪裡？」女學生回答：「在三樓。」少女只是輕輕說了聲「謝謝」，轉眼貼上走廊牆壁迅速向上爬，直接穿過天花板上了三樓。

還有一則類似的「蜘蛛女」故事。操場上一群孩子正在玩耍，這時有位女子走過來問：「音樂教室在哪裡？」孩子手指校舍並回答：「三樓最裡面那間。」那女子嫣然一笑，然後用驚人的速度爬上校舍的牆壁，最後消失在三樓音樂教室的窗口。

攻擊兒童的怪人

紅斗篷

傳說有一位披著紅色斗篷的怪人，人稱紅斗篷，經常在傍晚出沒，專門誘拐殺害孩童。

這個紅斗篷的都市傳說已經流傳超過八十年以上，據說當時不僅是年幼的兒童，許多成年人也同樣遭到紅斗篷的襲擊，甚至連警察和軍隊都不得不加派人手去收拾散落於各處的屍體。

說到紅斗篷傳說，據說是源自於一個真實的歷史事件。當時，曾經有起殺人案件，凶手身披藍色毯子行凶，但不知為何，藍色變成了鮮血的大紅色，漸漸成為了如今的都市傳說。

近年來，還有另一則傳說指出，如果在學校上廁所聽到有人問：「你想要紅色斗篷嗎？」如果回答「好」的話，就會被一隻像熊的巨手攻擊，後背會慘遭利爪抓得皮開肉綻。

紅色的房間

瀏覽網頁的時候，跳出了一則彈出式廣告。

畫面是一片詭異的鮮紅色，而中間只有一句「你喜歡嗎？」的文字。即便關掉廣告數次，廣告依舊不斷彈出，然後從「你喜歡嗎？」慢慢浮出中間隱藏的文字，最終拚成「你喜歡紅色的房間嗎？」接著網頁立刻跳轉到另一個網站。新開的網頁畫面同樣是一片大紅色的背景，而中間用黑字密密麻麻列出無數的人名。

據說，只要看到這個畫面的人，會瞬間動脈迸裂、鮮血噴濺，染紅整個房間。

至於畫面中出現紅底黑字的名單，就是進入網站而慘死的犧牲者。

突然失蹤的姊姊

紅色洋裝

這則故事的主角是一對姊妹。姊姊單戀班上的一位男孩，可是還沒來得及表白心意，男孩就轉學了。於是她鼓起勇氣寫了一封情書寄給男孩。數日後，姊姊收到那男孩寄來一個箱子，箱子內是一件紅色洋裝和一封信，信裡寫著希望女孩穿著這件洋裝來見面。得知兩人心意相通而欣喜若狂的姊姊，便高高興興地換上紅色洋裝出門赴約。從此以後，姊姊每次約會都會穿著那件紅色洋裝。

然而不久後的某次約會，姊姊卻遲遲未歸，甚至沒有留下任何訊息，直到隔天也音訊全無。妹妹因為擔心，決定親自前往男孩家找姊姊，奇怪的是，那棟房根本沒人居住。四處打聽後才得知，男孩一家在搬入新家不久後就遭遇車禍，

全數罹難了。

姊姊依然下落不明，苦等了好幾天，仍舊沒有回家。

後來，男孩家附近的鄰居捎來消息，說曾看到姊姊，還說看見她身穿紅色洋裝、臉色蒼白，正與一名全身藍色打扮的人走在路上。

又過了數日，妹妹收到了一個未署名的箱子，打開箱子，赫然發現箱子裡裝著那件紅色洋裝。

紅色的蘋果

曾經有位少女有個對她來說無比珍貴的娃娃。她對母親說：「如果自己哪一天死了，希望母親把這個娃娃送給自己最好的朋友。」然而，沒多久，少女因為車禍意外身亡，其母也依言把娃娃送給了少女的好朋友作紀念。

那位朋友把緬懷故友的娃娃擺在自己的房間裡，可是隔日一早醒來發現娃娃消失了。這時廚房傳來母親準備早餐的聲音，聽起來像是正在砧板上切菜。她走到廚房，想問母親有沒有看見娃娃，卻看見沾滿鮮血的娃娃站在砧板上。嚇得她趕緊上前一看究竟，豈料娃娃忽然撲上來死死咬住她的手腕。急忙之下她拚命甩手，結果把娃娃的頭給甩了下來，骨碌碌滾到砧板上。這時候只見娃娃居然自行站起走向砧板，拾起頭顱，接著發出詭異的呵呵笑聲，把頭重新接回身體後，揚長而去。

據說只要聽過這個娃娃的故事，娃娃就會在數天內的深夜現身來吃人。欲渡此劫，必須拿自己的鞋子順時針旋轉，並說出咒語「紅色的蘋果」，方能化解災難。

坐在馬桶上的妖怪

紅色的歐巴桑

曾經在某所高中的廁所發生過這麼一件奇怪的事情。

據說，在學校上廁所時，有時候會聽見有個聲音問：「你認識紅色的歐巴桑嗎？」此時若回答「認識」，那人就會在一週內遇到一位穿著大紅色衣服、坐在馬桶上的歐巴桑。

當紅色的歐巴桑出現時，她會向人索討「給我水」，這時必須一字不差地回答：「我沒有水可以給你。」如此一來，紅色的歐巴桑就會被馬桶沖走。但是只要說錯了一個字，就會反過來，變成自己被馬桶吞噬。

恐怖的問題等待著你

紅紙・藍紙

怪談主要流傳在學校的廁所。據說，只要在如廁後發現衛生紙用完時，會忽然聽見門外有人問：「要不要紅色的紙？要不要藍色的紙？」如果這時回答：「請給我紅色的紙。」有的人會全身出血而死，或是被刀砍死；如果回答：「請給我藍色的紙。」有的人會慘遭絞殺窒息而亡，有的人則是全身血液被抽乾，最後枯竭而亡。

除了紅紙與藍紙，另有白紙和黃紙的版本，唯一不變的是，最後都會因為不同的回答而落得各種恐怖的下場。

據傳，以前人們在祭拜廁神時會用紅紙與白紙，或者紅紙與藍紙摺成男女紙偶供奉，並念禱咒文：「給你紅紙好嗎？還是給你白紙好嗎？」藉此讓喜歡惡作劇摸人屁股的廁所妖怪不要出來搗蛋。這則都市傳說想必就是來自於這個習俗。

紅通通

紅通通總是出現在下雨天。他身穿紅色雨衣、紅色長靴又手撐一把紅傘，以一副全身紅色裝扮的少年樣貌現身。

只要看過他的人都會死於非命，但據說，若是身上帶著紅色的物品就可以逃過一劫。

曾經有一名就讀小學的女孩，在雨天撐著傘走在戶外，途中遇到了一名全身打扮成紅色的少年，據說少年目不轉睛地盯著女孩手中的傘。女孩後來和同學談起曾遇過那位少年的事情，才得知那少年便是人稱「紅通通」的怪人，只要看見他的人就會死。奇怪的是，女孩明明看見了少年，但她卻平安無事。

原來女孩遇到紅通通的那天，撐著紅色的傘，所以才會沒事。

藏在圍巾底下的祕密

紅圍巾女孩

這故事講述一名永遠圍著紅色圍巾的女孩。女孩自小就圍著一條紅色的圍巾。附近的少年問她為何總是圍著圍巾，女孩回答：「長大以後再告訴你。」數年以後，少年又試著再問一次，少女仍然回：「長大以後再告訴你。」如此反覆，少年每隔數年總會再問一次，少女始終不肯透露原因。

直到兩人成年後開始交往，並且決定步入婚姻。就在婚禮當晚，女孩說：「看來，已經不能再瞞下去了呢。」語畢她緩緩取下圍巾，只見女孩的頭顱竟從脖子上滾落，還在地上轉了好幾個圈。

後來兩人依舊過著幸福的生活，妻子仍然圍著紅色圍巾，而她的丈夫卻也開始上繫上了藍色圍巾，從未取下……

已經過世的女乘客

計程車幽靈

深夜裡，一輛計程車駛經墓地，巧遇一名年輕女性招手示意要上車。已經這麼晚了，而且又是在這種地方……司機雖然覺得不妙，但還是讓女子上了車，踩下油門繼續行駛。開著開著，司機無意間瞥了一眼照後鏡，發現鏡子裡竟然看不見坐在後座的女子，但當他回頭看時，那女子依然好端端地坐在後座。瞬間感到恐懼，但他還是把車開到了女子指定的地點。

司機停下車來，女子說要去拿錢就進了屋裡。可是等了又等，女子卻遲遲沒有回來。司機只好走到那戶人家玄關敲門，出來應門的卻不是方才下車的女子，而是一位年紀較大的女士。

司機將事情經過講述一遍，那位女士聽完大吃一驚。原來這名女士是她的母親，而剛才搭車的年輕女子早在數天前去世了。

類似計程車幽靈的傳說並不僅止於日本，在世界各地都有類似的傳聞。有的計程車幽靈在抵達目的地之前就消失不見，或者是幽靈坐過的座位變得濕漉漉，各種版本的經驗不斷流傳。

除此以外，相同類型的故事也發生在古代。江戶時代曾經有馬伕將女性送到大宅前，卻遲遲等不到車資，於是前去敲大宅門催促，結果發現那名女子其實已經過世好幾年了。

座敷童子通常以孩童模樣現身，無論男女都有，而且留著馬桶蓋髮型或短髮披散，身穿和服。

座敷童子

座敷童子通常以孩童模樣現身，無論男女都有，而且留著馬桶蓋髮型或短髮披散，身穿和服。

一般來說，唯有與座敷童子同住的那戶人家才能看見他的模樣，其他人往往是看不到的。又或者是只有小孩子看得到，大人是看不到的。

傳說，若座敷童子出現會提升該戶人家的運勢，一旦離去則會導致家道沒落，現代人則偏向相信看見座敷童子的人，其個人運勢會好轉。

雖說座敷童子會帶來好運，最近卻也出現了稍微不同的說法——白色的座敷童子出現就會有好事發生，而紅色的座敷童子則是會帶來不幸。

此外，從地域性來看，座敷童子最早流傳自東北地方，但如今全日本各地都可以發現他

們的行蹤。

一說座敷童子本來都是人類，是那些幼年夭折的孩童，以及不幸沒能順利呱呱墜地的嬰兒而化成的精靈。

岩手縣有家以座敷童子聞名的旅館，關於那旅館的座敷童子，則流傳這樣的故事——南北朝時代，一名戰敗的武將帶著兩個孩子逃亡，六歲的哥哥在逃亡的途中病死，並在將死之際留下遺言「我會世世代代守護家人」。據說，那個孩子後來便化身為座敷童子。

從地板伸出的手

捉腳的手

曾經有三名男子開車出去兜風。出發後不久，卻發現開車的朋友神情逐漸異常，不僅臉色越來越蒼白，最後甚至把車停了下來。另外兩人正擔心時，駕駛座那位男子卻突然問：「我們是朋友吧？無論發生什麼事，我們都是朋友吧？」兩人答：「當然啊，我們是好朋友啊！」男子又說：「那你們看看我的腳。」

兩人依言往駕駛座下方看去，竟然有雙白色的手從車底伸出，緊緊捉住駕駛的腳踝。兩人驚慌大叫並跳出車子，頭也不回地拚命逃走了。

後來兩人才開始後悔，只顧自己逃命，棄朋友於不顧。於是返回原地尋找，可是車子和朋友卻已經消失不見了。

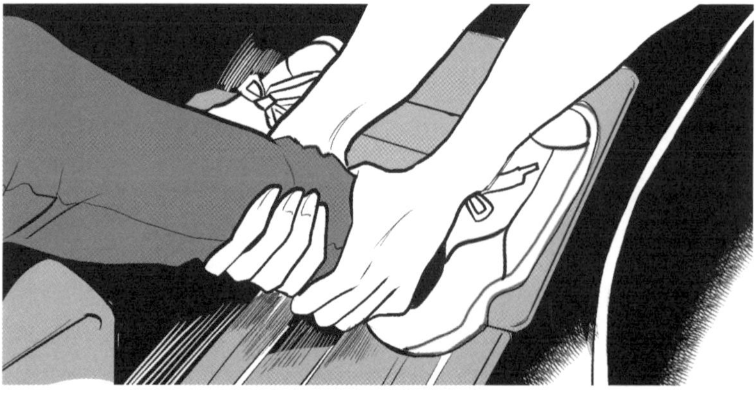

感覺到無數視線的圖書館

書裡的眼睛

這是發生在某所國中圖書館的離奇現象。

這棟圖書館因為座南朝北，所以日照不足，總是幽暗陰森，令人感覺壓迫。據說獨自一人在圖書館裡時，會覺得四面八方好像有許多視線注視著自己，讓人沒辦法安心看書。

曾經有位學生在圖書館的書桌上讀書時，忽然感覺到周圍的視線，於是抬頭環顧四周，竟然看到書架上密密麻麻的書本書背上都長了眼睛，無數隻眼睛全部眨也不眨地死死盯著自己。

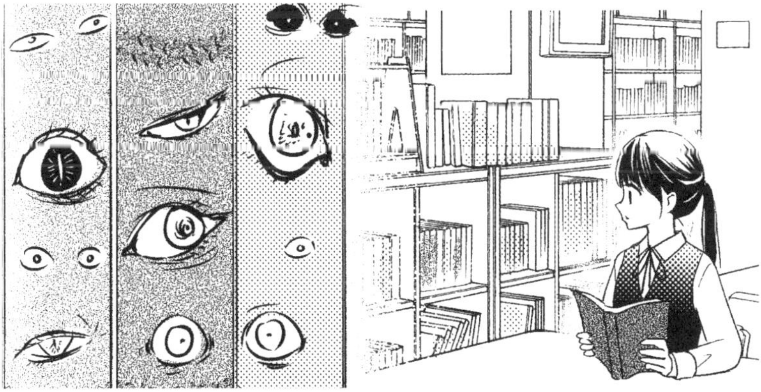

出沒於女廁

海坊主

說到海坊主，大家都知道那是傳說中躲在海裡推倒船隻，更將人拖入海中的妖怪。

據說體育館的女生廁所也會有海坊主出沒。

曾經有女學生在打掃體育館的女廁時遇到海坊主。那海坊主是個水藍色的團狀物，大小差不多適合用馬桶沖走。可是無論女學生再怎麼沖水，海坊主還是不斷出現，隨著沖水次數增加，它也跟著變得越來越大，直到沖不下去。最後甚至巨大化到填滿整個女廁。

至於那個打掃女廁的女學生則是從此下落不明。恐怕是海坊主吞噬女學生，把她帶到異次元世界去了。

千萬不可直視

海裡來的東西

某個海邊小鎮，每年固定在某一天，總會有個妖怪從海中現身。

這妖怪像團黑色的煙霧，上方有著看似人臉的模樣。這妖怪帶有令人作嘔的惡臭，雖不作聲卻會令在場眾人耳鳴。人類要是看到這個妖怪，就會毫無來由地高燒不退。動物看到則是會嚴重錯亂。

還有個妖怪跟這團黑霧可以說是相當類似。相傳於江戶時代時，伊豆七島的島民不堪地方官傾軋壓榨，遂故意設計讓官員在海象惡劣的日子出去巡視各島，結果官員果然中計，遭大浪捲走身亡。從此以後，那名惡官員的怨靈就變成了「海難法師」，每年都要從海裡現身，給島民帶來災禍。前述從海裡來的妖怪與「海難法師」有不少共通點，至於兩者是否相同卻是無從得知。

拖人下水的無數白手

海中的手

這是指海中會伸出無數隻白色的手，強行將人拖入海裡的離奇事件，此類案件在全日本各地都有留下攝影畫面，發生地點不僅限於海邊，也曾發生在河流、湖泊、池塘，甚至是游泳池等水域。

這些手也不一定是白色的，水面上有時候也會浮出一名年輕女性，或是老婆婆樣貌的妖怪，將受害者拖下水。

曾經有人清楚地描述朋友遇難的經過。一群年輕人相約到海水浴場遊玩，其中一名年輕人跳入海中後下落不明，大家都認為他溺死了。這群悲傷的朋友後來拿出當天在海水浴場拍攝的照片，發現相機竟然捕捉到他最後的身影和一個奇怪的影像。原來相機拍到了那位年輕人跳進海裡的瞬間，竟有無數隻白色的手從海中伸出，將其拖入海底。

毫無來由消失不見

神隱

自古以來，全國各地時常發生「神隱」現象，也就是某個人忽然毫無來由地憑空消失。

有這麼一所小學，孩子們午休時間在校園裡玩躲貓貓，卻怎麼也找不到其中一名女孩，直到午休結束也遍尋不著，她就這樣下落不明。

十二年後，他們辦了一場小學同學會，並和當時一起玩躲貓貓的那群朋友再次來到校園，試著呼喚那個女孩的名字。豈料那女孩真的出現了，而且她的模樣和十二年前的一模一樣，絲毫未變。

其他學校則流傳有位女學生進了廁所就消失不見，直到一年後才又以當初的模樣出現在那個廁所。

陌生小徑通往何處？

迷路小屋

琦玉縣某個湖泊附近，據說這裡經常會忽然出現一條陌生的小徑。只要沿著這條小徑前行，就會走到一個叫作「迷路小屋」的神祕小屋。但無論怎麼走，每次從小屋前方走過總會回到原來的地方。有時候小屋會出現在小徑右側；有時候則是會出現在小徑的左側。如此走上幾回，小屋內的燈光會亮起，那燈光會讓人不由自主地想要進屋看看。如果能夠克制住不踏進小屋四周的草叢，而是返回小徑上，就可以平安脫離迷途找到平時熟悉的道路。可是一旦回來以後，就再也找不到那條通往神祕小屋的陌生小徑了。

至於「迷路小屋」和那條陌生小徑究竟長什麼樣子，據說會因迷途者而異。

每晚出現穿透牆壁的幽靈

馬拉松幽靈

某大學的男生宿舍過去每到深夜十二點就會發生靈異現象，幽靈會從牆壁裡竄出，然後又消失在另一面牆壁裡，如此迅速地穿梭在各個房間。那幽靈身穿跑衣，肩上掛著肩帶，宛如一名馬拉松選手的模樣。宿舍裡的學生見狀，於是就在幽靈每次跑到的最後一間房時拉起了終點線，只看到幽靈在終點線前一臉滿足的高舉雙手，然後就消失不見了。從此以後，馬拉松幽靈再也沒有出現過。

原來幽靈生前是這所大學的一名田徑社成員。某次參加馬拉松賽事時，他在即將衝向終點線前突發心臟病，不幸離世，抱憾而終以致無法安息，所以才會在宿舍裡徘徊遊蕩。

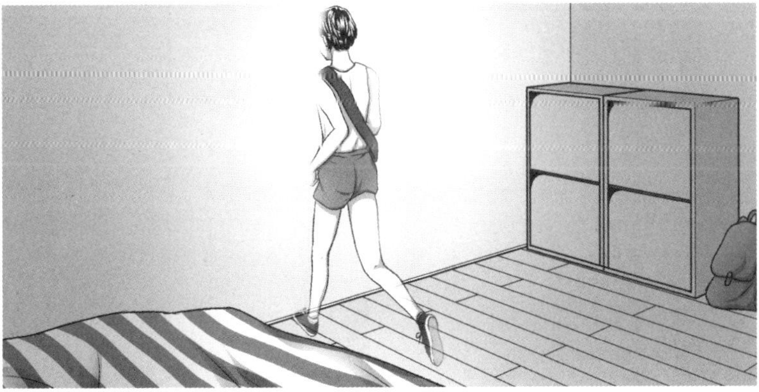

異次元世界的車站

高九奈車站・敷草谷車站

有位女子夜裡搭乘電車的時候不小心睡著了，醒來發現電車停在一個自己從沒聽過的車站，叫作「高九奈車站」。她還在猶豫該不該下車，這時電車又啟動了。她所坐的那節車廂沒有其他乘客，前一節車廂倒有一名少年，於是她過去詢問這班電車是開往哪裡，少年卻說：「不知道。妳現在還不可以來這裡啦。」她搞不懂少年這話是什麼意思，這時電車又停在了另一個陌生車站「敷草谷車站」。少年到站下車，女子也要跟著下車，少年卻說：「妳不可以下車。不過如果你堅持的話，也可以下車看看。」表情帶著滿滿的惡意。女子被嚇得終究沒有下車，電車再次出發，最終抵達終點站，寫著站名的看板卻滿是鐵鏽，甚至無法辨識站名字跡。女子一邊打電話連絡父親，一邊走向剪票口往外走。車站外卻一片空蕩，沒有建築物也沒有街燈。她沿著鐵軌往「敷草谷車站」的方向往前走，卻怎麼也走不到車站，終於累倒跌坐在路旁，再也走不動了。就在這時，父親開著車出現了。

女子一坐進車內，緊繃的神經瞬時放鬆下來後很快就睡著了。過了一會兒手機響了，女子接起電話，卻發現電話那端說話的竟然是駕駛座的父親！她試著和父親對話，但父親面無表情，一句話都不說。一陣靜默後，駕駛座的父親才開始用一種完全不同的聲音念叨：
「要快點……是我不好……」
嚇得女子趕緊跳車……
隔天早晨，女子發現自己躺在醫院的病床上。後來她才知道，父親昨晚一直在家裡試著打電話連絡自己。
沒人知道位於異次元世界的高九奈車站和敷草谷車站兩個站名該怎麼念，此處是為了方便而擅自添加的假名讀音。

兩名女學生正準備回家時，發現逃生梯間有位女子站在那裡。兩人試著和女子搭話，那女子卻只說了一句「好冷」，聲音在風雪中不斷回響。

聽過故事就會找上門來

假死魔

曾經有位少女在學校聽人講了假死魔的怪談。當晚她的夢中就出現了假死魔，樣貌正如同少女在學校聽說的一模一樣，是個缺了一手一腳的女幽靈。女幽靈說：「把手給我。」少女答不出話，所以被奪走了一隻手，女幽靈又說：「把腳給我。」少女依舊答不出話，又被奪走了一隻腳。幽靈接著問：「我的事，妳是聽誰說的？」這次，少女終於開口說出了朋友的名字。翌日，被扯斷手腳的少女屍體被人發現，家裡並沒有遭到外人侵入的痕跡，而且到處都找不到她缺失的手腳。

只要聽過這個故事，假死魔的幽靈就會在三天之內找上門來。幽靈問：「把手給我。」就要回答：「我正在用。」幽靈問：「把腳給我。」就要答：「我要用。」幽靈若問：「你聽誰說的？」就要答：「我聽假死魔說的。假是假面的假，死是死人的死，魔是惡魔的魔。」假如不這樣回答，手腳就會被假死魔活生生奪走。

少年臨死前忘記了什麼？

健忘手冊

有位小學二年級的少年很健忘，經常每天忘記帶東西。老師和母親商量後，給少年一本筆記本，並且在封面寫上「健忘手冊」，讓少年帶在身邊，請他把明天準備帶去學校的東西寫進筆記本，養成確認手冊的習慣，希望改善他忘東忘西的毛病。

某天一早，少年在上學途中發現自己忘記帶運動服，於是決定折返跑回家拿。當他行經平交道時，柵欄正緩緩下降中。著急的少年屈身穿過柵欄打算穿越平交道，卻沒想到，他在軌道上跌了一跤……

離奇的是，後來無論怎麼找，始終找不到少年被電車輾斷的頭顱。數天後，母親在少年的書包裡翻出了那本健忘手冊，而手冊的最後一頁上竟寫著「忘記帶的東西，我的頭」。

誤闖異世界的男子……

念不出站名的車站

有位男子早上搭乘電車通勤時，電車就和平常一樣擁擠。可是當他回過神來，卻發現車廂裡空無一人，而電車停在了一個陌生的車站。

他望向前方的車站看板，想要看看這個車站的名字。然而他卻無法念出看板上的文字。照理說看板上所寫的應該都是平常熟悉的字，但不知道為何自己就是念不出來。他甚至想把站名記下來方便日後查詢，可是無論如何就是無法把字樣記下。

車站月台上站了一名中年男子。他正想開口詢問，卻是那名男子先說話了：「我不會放你回去的，你過來吧。」那男子的嘴巴明明沒有動作，但他的聲音卻能在自己的耳邊響起。與此同時，他忽然感覺到一陣如鞭炮爆炸的衝擊，讓他不由自主地閉上眼睛。當他再次睜開眼睛時，竟然發現自己正坐在辦公室了。

男子總覺得自己好像變得有點不一樣。照鏡子的時候，他感覺現在的模樣和自己印象中的不太一樣，總覺得鏡中的自己像個陌生人。而且同事們也紛紛認為自己和以前判若兩人。後來他辭去工作返鄉，沒想到就連父母也說他看起來像是完全不同的人。

或許，這個誤闖「念不出站名的車站」的男子，應該是來到了一個與以前截然不同的世界了。

特別在意耳環的女子
啃耳女

當女性走在路上時，如果突然有位年輕女子跑來問：「妳有戴耳環嗎？」如果回答「我有戴」，女子會立刻咬住她的耳朵，把耳朵硬生生扯下來。

傳聞，啃耳女名作小香。小香曾為了戴耳環而去穿耳洞，某次她伸手扯出一條從耳洞裡冒出的一條白線，結果眼睛就突然看不見了。意外失明導致她的精神漸漸出現異常，從此特別憎恨戴著耳環的女性，四處找尋目標，啃咬撕扯她們的耳朵。

只聞聲響不見身影
啪噠啪噠

一位學生下課回家途中，發現忘了帶東西，於是折回學校拿。等學生拿到東西準備回家時太陽已經下山，周圍也都暗了。他獨自走在路上，聽見背後傳來「啪噠啪噠」的聲音一直跟著，他回頭看，根本沒有人，但啪噠啪噠的聲音仍舊在耳邊不斷回響。這就是名叫「啪噠啪噠」的妖怪。

據說，也有人在天色昏暗的傍晚時分，在學校走廊上遇過啪噠啪噠，而且一直尾隨著。

如果被啪噠啪噠盯上，不可以直接逃跑，否則必定會被他捉到，並且砍斷手腳。若是在逃跑途中跌倒，反而可以平安無事。

背在背後的嬰兒……

斬首幽靈

聽說，只要聽過這個故事，往右轉頭時，頭就會被幽靈砍下來。故事是這樣的，從前有個幫忙帶小孩的女孩子，背著嬰兒來到村子附近的神社。她發現賽錢箱上放著一把好漂亮的梳子，實在忍不住就把梳子偷走了。她急忙離開神社，卻總覺得後面好像有人在追著自己。她拚命地跑，好不容易跑回村裡，卻發現村子的人都用害怕的眼神看著自己。她回頭一看，才驚覺背後的嬰兒已經沒了腦袋。

除此以外，還有許多故事也都是講述拿了某個東西，結果發現背著的嬰兒掉了腦袋。

曾經有個男人與人打賭要去砍屍體的手指回來，可是他實在太害怕了，所以他的妻子就代替丈夫，背著嬰兒走進森林。當她剛砍下屍體的手指，忽然有個不怎麼大卻相當沉重的包裹掉落在腳邊。打開包裹一看，映入眼簾的竟是嬰兒的頭顱，才發現背後只剩下無頭

的嬰兒身體。

還有個類似傳說是這樣的，有位女子和他人相約試膽量，要去某地取某物回來，途中覺得身後好像有無形的力量在拉扯。她不假思索立刻揮起手中的鐮刀割下，結果竟然是她背著的嬰兒腦袋。

蒐集人頭的老婆婆

婆婆薩雷

婆婆薩雷，是位手拿鐮刀的老婆婆。傳聞只要聽過她的故事，婆婆薩雷就會在某天突然出現，來到那人的家門前敲門敲窗。如果打開門板或窗戶去應門，婆婆薩雷用鐮刀把那人的腦袋割下來，放進她背後的竹籃裡。反之，不開門、不開窗並且唱誦咒文「婆婆薩雷」三次，據說就可以把婆婆薩雷給趕走。

也有人說婆婆薩雷並不是突然出現，而是一步步慢慢逼近，直到最後才倏地在眼前現身。即便是這種情況，同樣只要念三次「婆婆薩雷」就能將其擊退。

可是，如果婆婆薩雷並未出現，卻平白無故唱誦「婆婆薩雷」的話，反而會招來婆婆薩雷索命。

全身纏滿繃帶的幽靈

莉莉

據說，莉莉會以全身纏滿繃帶的模樣出現在學校的廁所。有所學校曾經發生火災，當時有位女老師為了救來不及逃跑的學生而被燒死，從此化為流浪的幽靈。

只要站在廁所鏡子前面唱誦咒語「莉莉、莉莉、莉莉，請出來，我們一起玩吧」，莉莉就會出現，而且以極快的速度追來，又或者讓召喚的人一生不幸。要避免這樣的詛咒，有兩種方法，第一種方法是馬上跑出學校不要靠近，因為莉莉有無法離開學校的限制；第二種是對著鏡子唱誦「莉莉請離開、莉莉請離開、莉莉請離開」，如此一來，莉莉就會自行消失。

門一旦打開來……

被詛咒的房間

有對夫婦剛搬進某大樓十三樓的一戶。第一天晚上，他們先是聽到電梯「叮」的一聲抵達樓層，接著，玄關傳來轉動門把的喀喀聲，聽見門外一名少年說：「打不開。」連續好幾晚都是這樣，每當夫妻二人走到玄關後就無聲無息，開門查看也沒發現其他人。

更恐怖的是，他們還聽到傳聞，從前住進這戶的住客全都住不到兩個禮拜就匆匆搬走了。兩人越想越害怕，於是決定第十四天要搬走。

直到第十三天的晚上，轉動門把的聲音再次響起，但這次少年卻說：「總算打開了！」隔天早上，人們發現夫妻兩人雙雙陳屍屋內慘遭殺害。

原來從前住在這戶的少年，因為被父母責罵被反鎖在門外，進不了家門的少年不慎從十三樓墜落摔死，聽說就是那名怨恨父母的少年亡靈，每天晚上都在大樓內徘徊，試著打開玄關門。

沒有眼口鼻的妖怪

野篦坊

野篦坊是一種臉上沒有眼口鼻的妖怪。

曾經有輛計程車載客行經一處山崖，司機對後座的乘客說：「聽說這附近有妖怪出沒喔。乍看以為像個漂亮的女生，但仔細一看，卻是臉上沒有眼睛、嘴巴和鼻子的野篦坊呢。」這時乘客突然探身靠近駕駛席問：「你是說……像這個樣子嗎？」司機猛然回頭一看，後座乘客的臉上，竟然沒有任何五官！

傳聞學校也有野篦坊出沒。有一所學校住著野篦坊，不幸遇上妖怪的人會被搶走眼睛、鼻子、嘴巴和耳朵，但聽說只要大叫「老師來了！」野篦坊就會逃跑。

女子的真正身分……

雪女

某個下大雪的日子，一所國中的逃生梯間曾經出現雪女。日漸西下，兩名女學生正準備回家時，發現逃生梯間有位女子站在那裡。兩人試著和女子搭話，那女子卻只說了一句「好冷」，聲音在風雪中不斷回響。女學生想拿把傘給她，女子卻並不理會，反而轉身沿逃生梯往上爬並說：「還會更冷唷！」然後笑了起來。驟然間，風雪越刮越大，女子仍是大笑不止，女學生正打算不再理會轉身要走，豈料，女子卻又說：「等等。別丟下我。」兩人回頭一看，那女人蒼白的臉色，簡直比漫天大雪還要白。聽說，從前曾經有名女教師在下雪天於逃生梯這裡跳樓自殺，自此以後，她的亡靈成了雪女。

還有另一個關於雪女的都市傳說。一對兄弟返家途中遇到一名年輕女子，女子請兩人幫忙暫時抱一下自己的小孩。弟弟答應並接過嬰兒，等待女子返回，但卻遲遲不見女子回來。輪到哥哥接手把嬰兒抱起來的時候，忽然傳來女子聲音說：「能否請您幫我扶養這個孩子？」突然間，一團藍白色的鬼火幽幽地從兄弟兩人之間掠過，迅速消失不見。

兩人後來把小孩抱回家，卻發現哥哥的兒子已經不幸掉進井裡溺斃。哥哥慌張地查看懷中的嬰兒，才發現嬰兒已化作一團雪塊。

隨即，那女子用手肘高速爬行而來，發出了「喀喀喀」的詭異聲響，以極快的速度朝他逼近。

以驚人速度追來

喀喀喀

喀喀喀是一種只有上半身的人形妖怪。

曾經有高中生在操場踢足球時，發現校舍二樓窗口站著一位叉著手的女子，正笑瞇瞇地望著他。高中生朝她喊：「妳過來啊。」語畢，那女子立刻從窗戶跳了下來，赫然發現女子竟然只有上半身。隨即，那女子用手肘高速爬行而來，發出了「喀喀喀」的詭異聲響，以極快的速度朝他逼近。

喀喀喀不限於女性，也有男性版本，甚至有人目擊過只有頭和兩隻手臂的喀喀喀。

至於移動方法，除了使用手肘或手腕爬行外，似乎還會飛。不過，缺點是無法急轉彎，所以最好採取「之」字形的逃跑路徑來擺脫喀喀喀。另有咒文可以將其擊退，只要唱誦「下地獄去吧」或「滾回地獄去」就好了。

除此以外還有許多目擊者的親身體驗，有的說它手持斧頭，口中發出喀喀喀且只有上半身的男子；有的則說它會喀喀地笑並緊追著人撕咬，一但被它咬到，傷口還會潰爛。還有些喀喀喀則是長得特別奇怪，身上會長出小人，小人右手拿鐮刀，左手拿剪刀，不斷喃喃自語重複說：「喀喀喀，留下來，把你的靈魂留下來。」

不可以把耳朵湊過去

割耳婆婆

割耳婆婆這個妖怪會手牽著一名耳朵纏著繃帶的少年。

割耳婆婆經常叫住路過的小孩問：「我有事情告訴你，耳朵借我一下。」如果有小朋友感興趣而把耳朵湊過去，老婆婆會說：「耳朵給我！」同時拿出剃刀割下那孩子的耳朵。

據說，老婆婆牽著的少年是她的兒子。少年因為意外失去了一隻耳朵，於是割耳婆婆才會四處尋找年紀相仿的少年，割下他們的耳朵，想幫兒子接上新耳朵。

潛伏池底物色目標

游泳池的喬

這是個潛伏於某所學校游泳池底的妖怪。

這個妖怪乍看之下與周圍的混凝土無異，於跳水台正下方最深處的池底，可以看見有個隆起的西洋人臉形——就是人稱「喬」的妖怪。從遠處看去，依稀能看到游泳池底部有個模糊的輪廓。直到有人真正靠過去時，喬會猛然睜開眼睛，從臉部兩側伸出雙手，迅速把人拖進水底。

穿著白衣在學校裡徘徊

喪屍護理師

喪屍護理師主要出現在學校。曾經有位少年在深夜裡潛入一所小學，突然看見一名穿著破舊白衣的護理師從黑暗的走廊盡頭推著推車出現。推車上擺滿許多手術器械，護理師臉色蒼白有如死人，眼神死死瞪著少年。少年嚇得死命地逃跑，護理師也推著車子緊追在後。少年匆忙躲進廁所最靠內的隔間，把門鎖上。

不久，推車的聲音停在廁所外，隨後聽到門一一被打開的聲音。直到聲音漸漸逼近少年躲藏的隔間時，少年因為太過害怕而昏厥過去，等到他再次醒來時，外面已經天亮了，喪屍護理師似乎也已經不見了。少年放下心來正要開門，但門卻怎麼都打不開。再抬頭一看，赫然發現那護理師惡狠狠地從門板上方俯瞰著少年。聽說，喪屍護理師通常出沒於蓋在廢棄醫院舊址上的學校。

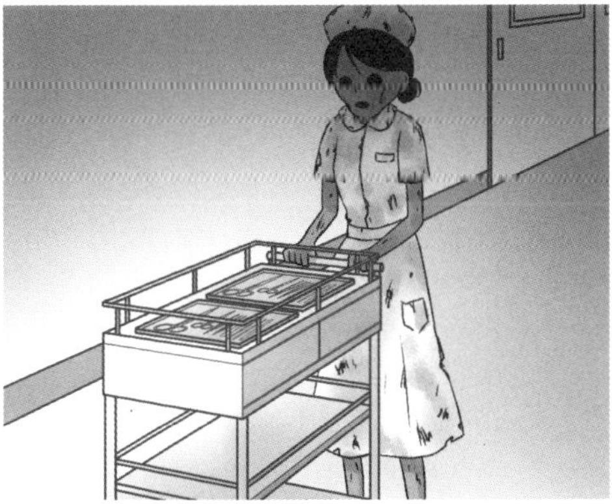

慘死公主的作祟

壺姬公主

和歌山縣有一所小學，這所小學是建於某座城堡舊址之上。從前，這座城堡裡有位公主遭人殺害，屍首被裝進壺裡埋在地下。至於公主為何遇害並無定論，有的說她是被父親所殺；也有的說是家臣叛變將其殺害。

相傳，壺姬公主被埋葬在小學裡某間廁所底下，只要進那一間便會遭壺姬公主的怨靈作祟，有時候甚至會有一隻手從馬桶裡伸出來，並傳來壺姬公主發出「救我」的微弱聲。

另一所小學也流傳著壺姬公主的傳說，聽說壺姬公主會出現在老舊木造校舍女廁裡的第四間，然後把上廁所的人拖進馬桶。至於這位公主為何被叫作壺姬公主？就不得而知了。

游泳池的幽靈

惡魔的第四水道

在學校游泳池的第四水道游泳時，偶爾會發生被扯後腿的奇怪現象，據說這是曾在第四水道游泳溺斃的孩童亡靈在作祟。有人說是腳被捉住，也有人說是腳去纏到頭髮，還有人曾經看到往生孩童的白色身影。曾經有名少年在第四水道游泳時，忽然離奇消失，從此下落不明。

第四水道也並非淨是些不祥的傳聞。某所學校有一名少女在練習時溺死在游泳池的第四水道，從此以後，少女的亡靈不時會出現在第四水道。不久前，一名少年和少女一同被選為接力賽選手，他們發誓要背負那位少女無法參賽的缺憾，並加倍努力，結果在游泳大賽當天，少女亡靈竟然現身，為他們鼓舞和指引，最終取得了優勝。

我們玩什麼好呢？

廁所的花子

花子是留著妹妹頭的紅裙少女，經常出現在學校的廁所。

在學校三樓女廁的倒數第三間敲門三下，再說：「花子，我們一起玩吧。」裡面就會傳來少女說聲：「好～」這個時候，廁所內會再傳來：「那我們玩什麼好呢？」這時候如果回答：「我們玩扮家家酒吧。」就會被花子用菜刀刺傷；如果回答：「我們來玩跳繩吧。」就會有跳繩從天而降勒住脖子；如果回答：「我們來游泳吧。」則會被吸進馬桶。

只要找到學校三樓廁所的倒數第三間，敲門三下後就能召喚出「廁所的花子」，所以花子和數字「三」可謂關係匪淺，不過這並不代表花子只會出現在跟「三」有關的廁所。有時候花子會出現在二樓的廁所，或是出現在廁所最裡面那間，又或者是敲門次數也未必是三下，而是一下到超過一百下，各種版本流傳著。

更聽說如果開口和花子說話，也會有各種不可思議的現象發生，例如廁所燈光突然熄滅，或是水龍頭無故打開，又或是通風用的循環扇忽然自行運轉。

兒子看到的是……

背背幽靈

故事發生在一個由夫妻和小男孩組成的三人小家庭裡。

某日，夫妻兩人因為瑣碎小事發生口角，最後丈夫殺死了妻子。他把妻子的屍體埋在地板之下，並向兒子謊稱：「媽媽出去工作，所以沒辦法回來。」兒子卻回以一種不可思議的表情看著自己。

那表情讓爸爸不禁擔心起來，懷疑兒子可能目擊殺人現場，於是他暗自決定要將兒子滅口。數日後，他把兒子叫進房間說：「我有話跟你說」，兒子說：「我也有事情想要問爸爸」，這下他總算可以肯定兒子果然看見自己殺人。他接著問兒子想問什麼，兒子竟說：「為什麼爸爸要一直背著媽媽呢？」原來，慘遭殺害的妻子亡靈，一直依附在丈夫的背上。

笑個不停的娃娃

渦人形

網路流傳著一則關於詛咒娃娃「渦人形」的故事。

這個娃娃的皮膚如同傳統日本人形般雪白，表情似乎總是帶著笑，可是眼睛部分卻只是兩個漆黑的窟窿，沒有眼珠，嘴巴也僅是挖個新月形的坑洞，沒有嘴唇。

更嚇人的是，娃娃的脖子細長如棒狀，有些甚至長達一公尺。渦人形會不斷前後擺動，讓頭不停敲著玻璃，並發出詭異的「呵呵呵呵……」這種缺乏抑揚頓挫的單調笑聲。

凡是遭到渦人形詛咒的人，會面無表情地一邊流淚一邊笑，怎麼也停不下來。唯一能解開詛咒的方法，那就是徹底破壞渦人形。據說渦人形是江戶時代發明的詛咒道具。

蓋著被詛咒的棉被睡覺……

棉被怪談

曾經有人買了一床二手的棉被，那是在喪禮上遺體使用過的棉被。每晚蓋著這床被子的時候，總覺得好像被什麼東西壓在身上。有一天晚上，那人被一名女子的哭聲給吵醒，睜開眼一看，竟然有張面孔蒼白如死人般的女子近在眼前。

還有另一則關於棉被的怪談。一名男子買了二手棉被，可是每到深夜必定會痛苦呻吟，甚至喘不過氣來。他把棉被拆開來看，赫然發現裡面的棉絮沾滿了大量的血跡。男子請警察進行調查，原來真的有人在這床棉被上殺人，並把被套換新後再拿出來賣。大家都說遇害的亡靈想要找到真凶，所以才會現身糾纏買下棉被的男子。

另外，幼童遭棉被悶死的事故也時有所聞。聽說曾經悶死幼童的棉被會劇烈地舞動著，不管用棒子敲打，或是用鐮刀割成碎片，仍無法讓棉被停下。後來經過仔細檢查，終於在棉被的四個角落發現纏著頭髮和人類指甲。原來這棉被竟然是有人從墳墓裡挖出來的，惡靈依附其上在作祟。

曾經聽說有一群國中生住集訓宿舍時，目睹棉被四處爬行，甚至會緊緊地裹住學生的身體。

少女聽到的恐怖問題

黑色霧靄

據說，聽過這個故事的人，之後會有悲劇發生。

故事是這樣的，某個暴風雨的夜晚，海象惡劣至極。一名少女住在海邊，眼看著浪頭好像隨時會捲走房子。她好害怕好想逃走，卻忽然想起一本咒語書，於是按照那本書記載的內容對著窗外吟誦咒語，直到心神稍微鎮定下來，她才關燈睡覺。

深夜，她忽然沒來由地醒來，往窗外看去，竟發現窗外有一團黑色的霧靄在翻騰。那團黑色霧靄隨後湧進屋內，出聲問：「頭、身體和腳，妳要哪個？」少女嚇得答不出來，霧靄隨即迎面撲上，把少女殺死，頭、身體和腳都切斷了。

只要聽過這個故事的一年內，某個風雨交加的夜裡，黑色霧靄就會現身問：「頭、身體和腳，你要哪個？」

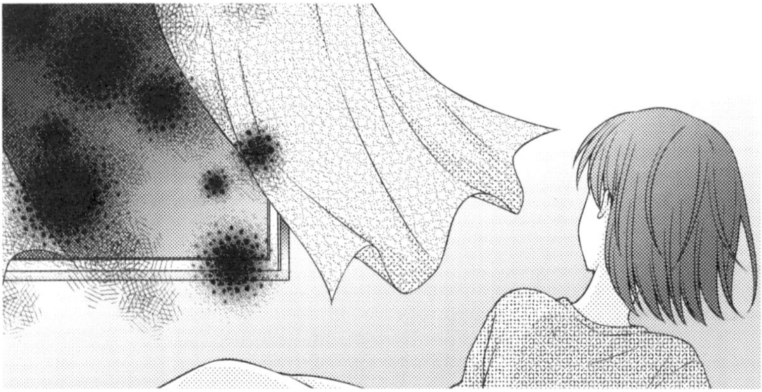

一個學生的悲劇

焚化爐的幽靈

某所學校的學生為了翹掉校內掃除的工作，他跑去躲在焚化爐後偷懶。後來聽見老師找人的呼喚聲越來越近，眼看就要被發現，於是學生鑽進焚化爐裡躲藏。沒想到不知情的校工竟然在這時點燃了焚化爐。

學生因此被活活燒死，從那以後，每次焚化爐要燒垃圾時，就會從爐中傳來「好燙！教命！」的叫聲，甚至還會有被燒得變形的手伸出爐外。為此學校決定將焚化爐拆除，卻發現焚化爐的內壁已經被染成了一片鮮紅。

還有個類似的怪談，據說有個焚化爐，只要行人路經此處，就會遇上曾經在爐中燒死的少女亡靈，亡靈會拍兩下行人的肩膀，一旦回頭，會被拋進焚化爐裡喪命。

無頭騎士

日本全國各地時常流傳著目擊無頭騎士的故事。

據說，因為意外事故斷頭身亡的人，死後會變成無頭騎士出沒，至於頭是怎麼斷卻是各不相同。

有的是一頭撞上路旁扭曲變形的道路標示牌邊緣而被切了下來；有的是高速撞上路邊護欄而撞飛了頭；有的是撞到貨車後方貨斗的鐵板或鐵管而撞斷腦袋；有的則是被墜落物折斷脖子，腦袋跟著掉了下來。

也有傳聞說，因為有人無法忍受暴走族的噪音，或純粹出於惡作劇，故意拉起鋼琴線橫跨路面。一旦騎士沒注意會迎面撞上，被鋼琴線劃開的瞬間，身首將一分為二。

至於無頭騎士為何變成幽靈卻還在騎行？有的說是在找尋讓自己掉腦袋的凶手；有的則說是在找尋自己的腦袋。

除了無頭騎士以外，聽說也有人看見被撞飛出去的腦袋在空中盤旋飛行。還有人曾經目擊到無頭騎士的機車後座坐著一位女子，女子手中抱著的正是男騎士的頭顱。

聽說只要目睹無頭騎士，又或者是被無頭騎士超車的人，都會發生車禍之類的災禍。

荒廢醫院的無數隻手

窗口揮舞的手

曾經有一群青年，他們相約前往一間廢棄醫院試膽探險。

可是那棟荒廢多年的醫院實在太恐怖了，沒有人敢走進去。於是他們決定集資，約定如果有人能夠進到醫院，從五樓窗戶向外揮手，就可以獲得一萬元的獎金。一萬元的獎賞當頭，果然有一名青年自告奮勇獨自潛入醫院，其他人則是留在外面等，不久真的看見五樓的窗口有手在揮動。手收回去以後，過一陣子青年也回來了，他卻說自己實在太害怕，所以沒爬到五樓就折返了。

那麼，剛剛是誰在揮手？眾人戰戰競競地抬起頭來，竟然看到無數隻削瘦蒼白的手，陸續從廢棄醫院的所有窗口伸出來，緩緩地舞動。

打開二樓的窗戶

窗戶怪談

有名少年晚上在房裡讀書時，聽見有人敲窗戶的聲音。他打開窗簾發現窗外有位年輕女性正對自己說「加油」，可是少年的房間在二樓，那女子究竟是……

類似這種二樓窗外出現人影的離奇現象，在全日本各地皆有人目擊過，而窗外的人可能是男女老少並不一定，萬幸的是幾乎沒有人因此受害。

還有人曾聽過有人在敲打二樓窗戶的聲音，打開窗戶後，結果是名中年男性問：「哪裡可以買香煙？」也曾經有人目擊到一名女性出現在大廈二樓的窗外，甚至還把上半身探進屋內。

學校也有類似現象發生，曾經有學生表示，看過有位穿著紅色和服的女性，從二樓的窗戶外對著他微笑點頭並緩緩地路過。

依附於石頭的少女怨魂

童女石

新潟縣黑川村（現名胎內市）流傳著石頭的傳說。某間祭祀觀音的佛堂附近，經常可以聽見孩子的悲泣聲。有一位前來參拜觀音的男信眾，也在佛堂的院子裡聽到了小孩的哭聲。他循著聲音來源的方向尋找，遠遠看去，地上像是有一個小小的女孩頭顱。當他走近一看，才發現是顆石頭，而石頭表面竟然浮現了好幾張女孩子悲傷的表情。

原來，黑川村過去曾因為豪雨而引發胎內川氾濫，造成慘重傷亡，其中有十名罹難者都是孩子。為了替受害者祈福，於是村民便建造了觀音堂，並使用胎內川的石頭來打造觀音堂的院落，而男子所發現的那顆石頭，正是來自胎內川河畔。那顆石頭後來被命名為「童女石」，被鄭重供奉在佛堂之內。據說，從此以後就再也沒有人聽到孩子悲傷哭泣的聲音了。

躲在廁所裡襲擊孩童

紫婆婆

紫婆婆是個身穿紫色和服或紫色洋裝，經常出沒於學校廁所的妖怪。她會突然從廁所天花板、牆壁的凹洞，甚至是鏡子裡跑出來，襲擊路過的學生，把學生拉進鏡子裡的異次元世界，有時會開腸破肚，挖取心臟或肝臟。如果想避免遭受攻擊，可以穿戴紫色的物品，或是唱誦咒語「紫色、紫色」，如果能兩者並行，效果更好。

傳聞，紫婆婆原本也是人類。她出身貧窮，家裡只有一件已經穿得很舊的和服。當時還是位少女的紫婆婆一直很羨慕有錢的地主千金，尤其是千金身上那件帶披肩的紫色洋裝。有天她偶然發現那件披肩遺落在地上，於是她忍不住拿起來披在身上試了試。結果不巧被地主千金撞見，千金四處散播傳聞說她是小偷。從此以後，少女被眾人視為盜竊慣犯，餘生不曾感受過一絲幸福便抱憾而死。據說。她生前居住的那片地後來被改建成學校，那所學校正好就是紫婆婆出沒的地方。

不是這個耳朵！

把耳朵給我

一名青年和父親的感情非常要好。他的父親特別愛吃吐司邊*，愛吃到每天只吃吐司邊。有一天，竟然因為吃了太多吐司邊而過世。青年極度悲傷，幾乎每天都去父親的墳前看他。

這天，他又來到父親墓前，卻聽墓中傳來父親的聲音說：「給我耳朵。」青年心想，父親生前向來愛吃吐司邊，吐司邊算是麵包的耳朵，所以他趕緊跑到附近的麵包店買了吐司邊，供奉在墓前。豈料墓中竟又傳來父親憤怒的叫聲：「不是這個耳朵，給我你的耳朵！」結果，青年的耳朵突然被扯斷，當場死亡。

還有另一個版本的故事，一位愛吃吐司邊的小孩意外身亡後，托夢給母親說：「給我耳朵。」隔天，母親立刻準備好吐司邊，供奉於佛壇前。沒想到，孩子的亡靈竟然直接現身，對著母親大喊：「不要這個耳朵，我要媽媽的耳朵！」

*吐司邊：日本人稱吐司邊為麵包的耳朵。

鋪水泥的男子

給我腳

有位少女路過某個工地，發現一名沒有腳的男子正在鋪水泥，更詭異的是，那名男子竟然把頭插進了水泥地裡。此番光景讓少女嚇破膽，便慌忙離開了現場。

當晚，少女熟睡時男子居然闖進房間並說：「小姐，請把妳的腳給我。」少女嚇得放聲尖叫，男子仍然揮舞著大鐮刀，將少女的腳割下，隨後笑著揚長而去。

凡是聽過這則故事的人，也會在夜裡遭遇到該名男子。男子頭頂著水泥塊四處打量，只知道一鼓腦地說：「給我腳。」據說只要回答：「我的腳不能用。」男子就會離去。

褪去口罩以後……

裂嘴女

傳說，裂嘴女是位高挑的女性，總是身穿紅色大衣，戴著白色大口罩出現。

一名少年在放學返家的途中偶遇裂嘴女。當時一位女性從前方走來，與他擦肩而過，女子忽然問少年說：「我漂亮嗎？」雖然戴著口罩，看起來倒還真像個美女，所以少年回答：「我覺得妳很漂亮。」只見女子舉起手，緩緩將口罩摘下。少年這才看見口罩下的面容，嘴巴異常巨大，嘴角裂至耳根。那個咧著大嘴的女子再次問：「這樣也漂亮嗎？」

少年嚇得想要逃跑，卻被女子捉住手臂，只見她拿著剪刀殺氣騰騰地逼少年回答。

據說遇見裂嘴女被問：「我漂亮嗎？」如果回答「漂亮」，

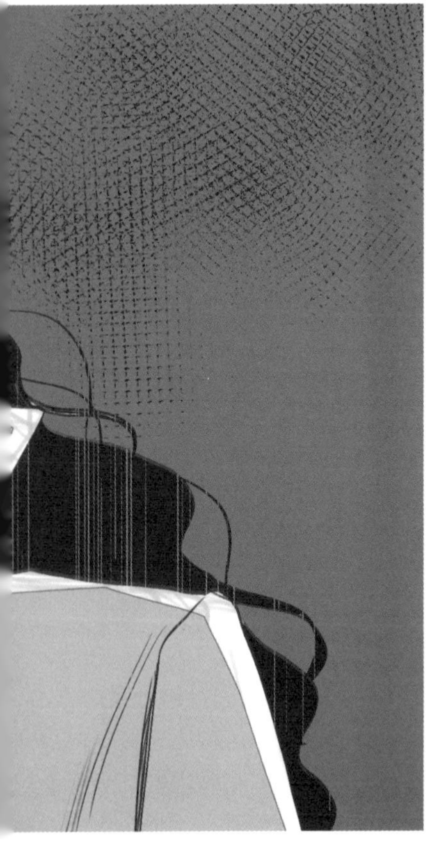

裂嘴女會取下口罩說：「這樣也漂亮嗎？」並持剪刀相逼；如果回答「不漂亮」，就會被當場殺死。聽說這個時候可以回答「還行」或「普通」來含糊帶過。正當裂嘴女因為模稜兩可的回答而猶豫不決時，就能趁機逃走。

在夢裡不小心摔倒……

跌倒就會死的村子

所謂「共通夢」是指每個人一生中都會夢過一次的夢，而這個故事便發生在共通夢的夢境之中。

而共通夢的內容是，日頭將暮，自己正身處於一個陌生的村子裡，村內的地上卻四處躺滿青紫色的屍體。過沒多久，一群穿著和服的少女們走近並說：「這裡是跌倒就會死的村子喔。」就在這個時候，一名少女的腳不小心被地面的屍體絆倒，於是所有人眼睜睜看著少女發出慘叫，隨即化為一具青紫色的屍體……

以上是共通夢的大致內容，至於接下去的夢境則是因人而異。有的人會夢見被那群少女追趕，拚命逃跑；有的人是什麼事都沒發生，直接醒來。只不過，從來沒有人說自己在夢中曾經跌倒。為什麼呢？跌倒就會死，那自然就不可能再去和別人講這個夢了。

游泳池婆婆

游泳池婆婆是個老太婆模樣的妖怪，專門出沒在某所小學的游泳池。

她經常潛伏在游泳池底部，有時候會伸手拉扯小朋友正在游泳的腳；有時候則會跑出來嚇唬在泳池裡跳水的小孩；有時候會追著小孩一路跑到體育館去；有時候還會在夜裡繞著泳池奔跑。

另一所學校也曾經有學生目擊游泳池婆婆。這所學校的游泳池原本只有六條水道，卻會在深夜時憑空多出第七條水道，而穿著和服的游泳池婆婆，正是在第七水道裡游著泳。

老婆婆妖怪經常坐在路邊喃喃自語：「我想吃、我想吃。」

深夜公園裡的少年

傳說中的真清

　夜裡在公園裡玩耍時，有可能會遇上一名自稱「真清」的少年跑來說：「我們一起玩吧！」據說，如果應邀和他一起玩，最後就會被帶走，從此不知去向，再也無法回來了。有時，真清也會坐在鞦韆上邀請「我們一起盪鞦韆吧」，如果答應了，一樣會從此失蹤。

　這個故事最初來自於某齣電視劇。劇中一位高中女生憑空捏造出了「真清」這個虛構的少年，然後在網路散播這個傳聞，沒想到傳聞一夕之間在學校成為話題，可是女學生後來卻真的在公園遇到真清，隨後離奇失蹤，下落不明。

　有人說，像這樣自行創作怪談，又四處散播分享的行為，最後往往會弄假成真。

置物櫃嬰兒

一名女子路過車站的置物櫃，看到有男孩正在哭泣。路人來來往往，每個都像是看不見似地不予理會。女子好奇問：「你爸爸呢？」男孩只是搖頭，仍然不停地哭泣。她又試著問：「你媽媽呢？」豈料那男孩突然惡狠狠地瞪著自己，大叫：「就是妳！」

原來數年以前，那女子曾經將自己無力撫養的嬰兒遺棄在置物櫃裡，而那個男孩正是當初被遺棄的亡靈。

其實在一九七〇年代，日本發生了許多此類置物櫃棄嬰事件，甚至「置物櫃嬰兒」一詞還成為了當時的社會流行語。

跟蹤者的失算

跟夢裡不一樣

有位女生做了個可怕的噩夢。夢中，天色已晚，她在回家的路上被一名男子尾隨。她害怕地加快腳步，突然發現男子已經站在身後，高高舉起斧頭，眼看就要揮下……這時她就醒了。

過了數日，她回家時真的有人跟蹤自己。她想起了那場噩夢，於是立刻打電話請母親來接自己，並走進便利商店等待。當她站在玻璃窗前翻看雜誌時，忽然有一種被人盯著的感覺。抬起頭來，這才發現剛剛跟蹤的男人正隔著玻璃窗看著自己。

然後那男人瞪著她說：「妳別做些跟夢裡不一樣的事情啊。」

恐怖的躲貓貓

躲好了

曾經有群小學生在公園玩躲貓貓。其中一名少女鑽進了別人棄置於公園角落的一台廢棄冰箱，躲好後還把冰箱門給關上了。現在市面上的冰箱普遍從裡面也能打開門，不過當時的電冰箱一旦關上，冰箱門就會鎖起來，是無法從冰箱內部打開的。

少女躲藏的那個冰箱後來被垃圾車收走，途中在一個急轉彎時被拋進了一處建築工地的水泥中，冰箱就這樣隨著水泥一起被掩埋了。直到大廈落成，冰箱仍然深埋在地底。聽說每到深夜，那棟大廈地底就會傳來少女的聲音說：「我躲好了。怎麼還不來找我？趕快來找我呀。」

不能講的那句話

躲好了沒

太陽西下，一名少女從補習班下課後獨自走在回家的路上。當她即將經過路旁一排銀杏樹下時，忽然從背後傳來一個小孩的可愛聲音說：「躲好了沒？」她立刻轉身，發現後面根本沒人，心想大概是自己聽錯了吧，於是她繼續前進。走不到五十公尺後，又聽見有聲音喊著「躲好了沒」。可是回頭依舊空無一人。

少女開始覺得害怕，稍微加快了腳步，然後又再一次聽見「躲好了沒」的聲音。這時她決定嘗試回答「還沒」。過一陣子，再次聽到有人說「躲好了沒」，少女同樣回應「還沒」。就這樣，一路上不斷重複著同樣的問答，少女終於到家了。當她一踏進家，聲音也停止了。

當晚，準備就寢的少女鑽進被窩後想了想，打算再次回應奇怪的聲音，於是說了句「躲好了」。話音剛落，只見天花板突然裂開一道縫隙，從裂縫中，有兩隻黑色的手緩緩探出，直直地朝少女伸去。

想吃婆婆

有一種老婆婆妖怪經常坐在路邊喃喃自語：「我想吃、我想吃。」一旦上前詢問：「想吃什麼？」老婆婆就會大叫：「我想吃你！」

當天晚上，少女的手機響起，她接起電話，
聽到有位小女孩的聲音說：「我是瑪莉。
現在我在垃圾場。」

困在夢境裡醒不過來……

僧分世

有一個都市傳說，說是只要聽過某個夢境的故事，則當晚必定會做一模一樣的夢，只要在夢中做錯了一個步驟，將永遠離不開夢境，醒不過來了。

那夢是這樣的，首先夢見自己在某個車站，車站前面有一隻黑貓。順著黑貓前進的方向繼續走會碰到一個岔路，選擇右邊岔路走下去，來到一間叫作「僧分世」的寺。先右後左依序打開寺院的對開大門後，會看到兩個卷軸，然後拿起右邊的卷軸按照原路返回。只要有其中一個步驟弄錯，就醒不過來了。此時只有一個方法可以得救，那就是把「僧分世」這個名字倒過來念三次，就可以脫離夢境醒來了。

「僧分世」（そうぶんぜ）倒過來念就是「全都是假的」（ぜんぶうそ）。換句話說，這個都市傳說根本就是假的。

靜靜佇立的陰森洋館

瑪莉大宅

傳說，在兵庫縣六甲山，有間叫作「瑪莉大宅」的廢棄宅邸，可是至今沒人知道它的確切位置。

有兩位青年外出兜風，決定要來找一找這棟傳說中的大宅邸。他們驅車一路開進山區，終於在茂密的樹木縫隙間隱約看見洋館的屋頂。當車子駛近後，發現這是一棟破舊不堪、彷彿隨時會崩塌的西式洋館。經過短暫商量，他們決定一個人留在門外把風，另一個人進到洋館裡一探究竟。

洋館內明明沒有照明，卻不知為何異常地明亮。青年拾級而上，走進二樓房間。剛踏進房內，房門竟自己關上，青年突然被一群白人小孩團團圍住，那些小孩們的眼睛全是白色的，只是一言不發地瞪著青年，嚇得青年當場昏厥過去。

待他恢復意識以後，卻發現自己已經躺在醫院的病床上了。聽說是留守宅外把風的另一名青年發現他昏倒在洋館門口才急忙送醫。至於這間洋館為何叫作「瑪莉大宅」？以及這棟洋館究竟有著什麼傳說，至今仍不得而知。

總覺得跟平常不大一樣的醫院……

漆黑的東西

曾經有位男子去醫院探視住院的父親。

他已經來過這家醫院好多次了，但這天，當他走下醫院樓梯時，卻覺得樓梯的形狀好像有點不一樣，原本樓梯扶手是金屬材質的，今天卻是木頭扶手。幾天前他來探病的時候，醫院裡明明沒有施工，也沒有改裝啊，他心中這麼想著並一面繼續下樓。在樓梯的盡頭有一扇門，也不知道是什麼力量的驅使，他上前開門一看，房間裡面滿是灰塵，地板上可以看見有無數鞋印和推行輪椅的痕跡。

就在這個時候，遠處有位陌生的少女對他說：「你最好趕快逃。」說完，少女背後出現一個漆黑的身影正以驚人的速度逼近而來。感覺到危險的男子趕緊跳出房間拚命地逃跑，跑了好一陣子，意識到自己已經來到了父親住院的樓層，而這時眼前的醫院長廊和病房，才和平常的一模一樣。

後來才聽說，那家醫院偶爾會發生通往「過去世界」的神祕現象，而當時男子在誤闖的房間裡看到的腳印和輪椅的痕跡，是從前這家醫院的往生者留下來的。

瑪莉的電話

曾經一位少女擁有一個在年幼時愛不釋手的洋娃娃，少女把它取名叫作瑪莉。後來少女嫌它太舊了，所以把娃娃丟到了垃圾場。當天晚上，少女的手機響起，她接起電話，聽到有位小女孩的聲音說：「我是瑪莉。現在我在垃圾場。」少女以為是惡作劇電話，一句話沒說直接把電話掛掉。

不料，手機卻又再度響起，電話那頭傳來同樣的聲音「我是瑪莉。現在我在賣香煙的雜貨店前面」。電話那端的人越來越接近，少女開始覺得有點害怕，立刻掛斷電話。

然而，電話再次響起。接起來後聽見那頭說：「我是瑪莉。現在我在妳家前面。」驚恐的少女小心翼翼地湊近玄關大門，往貓眼一看，門外空無一人。她大膽地開門，往門縫外面看，真的沒人。她心想好險只是惡作劇電話，鬆了口氣走回自己房間。這時，手機又響了，她膽戰心驚地接起電話，一樣是那位小女孩的聲音說：「我是瑪莉。現在我在妳背後。」

這則都市傳說主要描述了遭到拋棄的娃娃回來報仇的故事，在某些版本中，娃娃的主人後來會遭娃娃拿刀刺殺。如果想躲過瑪莉娃娃的追殺，唯一方法是鎖緊家中所有的門窗，絕對不可以開門。不過，也有人說，只要拿泡芙供奉給瑪莉就能活命。

深夜揮手的少女像

瑪莉的銅像

某座墓地內佇立一尊少女銅像，據說每到深夜，銅像就會揮手。這尊銅像名叫瑪莉，左手拿球，右手舉起，腳邊還有一隻兔子。

據說銅像若是左右橫向揮手，就不會發生任何異狀，但若是有人看見銅像右手上下揮動，像是在招手似地，那麼離開墓地以後將可能發生交通事故的禍事。

除此以外，關於這尊少女銅像還有其他各種流言，例如有人在雨天前往墓地，發現瑪莉在踢球玩；或是有人看見墓地裡有一群孩童幽靈聚集在瑪莉身邊玩耍；或是瑪莉腳邊的兔子在墓地裡竄來竄去。甚至有人從墓地前面路過時，忽然被瑪莉追著跑等等，許多目擊瑪莉的傳言不絕於後。

少女編造的恐怖故事

網路留言的怪談

曾經有少女想要散播自己編造的怪談，於是把那故事發布在網路上。故事的內容是這樣的，公園裡，一名少年對自己邀請「我們一起玩吧？」此時若回答「好啊」就會被殺；唯有回答「我不要」，才可以平安無事。這個故事迅速在網路上流傳開來，一時間蔚為話題。有一天，那少女心血來潮決定親自到故事中的公園看看，果然有少年對她說：「我們一起玩吧。」她雖然訝異於情境怎麼會跟自己編造的怪談一模一樣，不過她心想反正故事是自己捏造的怪談，索性回答「好啊」，結果少女的結局如同自己所寫的故事那樣——遭到殺害。

美術教室的畫像不安分

蒙娜麗莎怪談

許多學校的美術教室會擺設複製畫，尤其是李奧納多．達文西的著名畫作《蒙娜麗莎》。關於這幅畫的離奇靈異現象可不少，包括蒙娜麗莎的眼睛會發光、會流血、動起來看書、半夜發現頭掉了下來等，光怪陸離各種傳言都有。甚至還有人說蒙娜麗莎會從畫裡跳出來，親眼目睹她回到畫中，身體卻轉了個方向。

更有些傳說特別恐怖，譬如蒙娜麗莎會從畫裡跑出來吃人，或是蒙娜麗莎會吐出長長的舌頭，纏住站在畫前賞畫的人，將那人一口吞下。就算不吃人，也有人說蒙娜麗莎會從畫中伸出手捉住小朋友的手腳，甚至是掐著脖子。

天外飛來一個問句

說話的人頭

有一條道路，路邊有個被折彎伸進道路的路標。曾經有台雙載的摩托車駛經此處，騎車的男子倉促間低頭勉強閃過了路標，可是後座的女性卻閃躲不及，腦袋遭路標砍了下來。男子趕緊跑到滾落路面的女性頭顱旁，豈料卻聽見那女子的頭顱問：「咦?我怎麼了?」

還有另一則人頭說話的傳說則發生在車站。一名男子在月台等電車時，碰巧遇上臥軌自殺事件，而遭電車輾斷的死者頭顱剛剛好滾到男子的腳邊。男子嚇了一大跳，往腳下望去卻見那顆人頭雙眼圓睜，瞪著男子大喊：「看什麼看！」

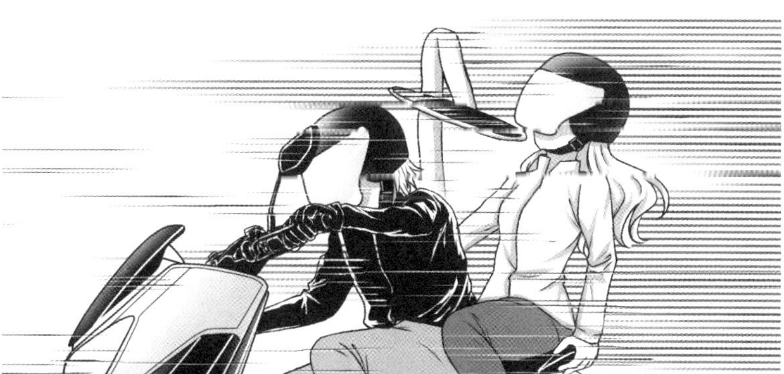

不可以答話

綠河童

傍晚時分，經常會出現綠色的河童邀小朋友一起玩，如果回答「好」，就會被帶到不知名的地方，再也回不來；如果回答「不要」，就會被當場殺死。即使不作任何回答，但只要有半點反應就難逃其禍。萬一遇上綠河童，務必緊閉嘴巴不作任何反應直到河童離開，方能平安。

婆婆走到面前時，竟問：「要買腳嗎？」

沒有人的廣播室

廣播室的幽靈

傳說某所學校的廣播室裡有幽靈出沒，在空無一人的時候會播放「嗚嗚嗚喔喔……喂喂……五天後……死……」的聲音。五天之後，必定有人喪命。

另一所學校則盛傳有幽靈會在學生較少的時段出現在廣播室，播放音樂或是說話。

有一名少女於暑假期間被關在某學校的廣播室裡，因為逃不出來而死亡。過沒多久，廣播室就開始傳出「不要丟下我……」的聲音，據說是那女孩亡靈透過麥克風在說話。

此外，還有一所小學的傳聞是這樣，只要在廣播室將廣播設定為全校放送，接著在麥克風前向自己心儀的女孩示愛告白，則戀情必定會成真。據說以前有一位暗戀同學的廣播社社員因事故身亡，變成幽靈後默默在暗中相助。

總是下雨的夜裡出現

撐傘的女子

某個火葬場的後山，有條鮮少人車通過的寂靜隧道。每逢下雨的夜晚，就會有位身穿白色和服和一頭烏黑長髮的女子出現在隧道中。

凌晨兩點左右，如果有人沒帶傘、淋得濕答答地跑進隧道躲雨，女子便會撐著油紙傘迎上前問：「我送你回家吧。」一委婉拒絕倒也不無妨，一旦答應女子的提議，女子會提傘讓人進傘下，一起往隧道深處走。然而走著走著，兩人撐著傘的背影也變得越來越淡，等到快要出隧道的時候便會完全消失。所以如果答應了撐傘女子的提議，會永遠被困在隧道裡再也出不來。

據說每到下雨天的夜裡，撐傘的女子依舊佇立於隧道口，靜靜地等待下一個獵物。

勢如奔馬疾追而來

磕磕婆婆

　磕磕婆婆通常出沒在鐵軌和高速道路等地，看起來就是個只有上半身的老婆婆。
　據說磕磕婆婆會用手肘叉著地面，發出「磕磕磕」的聲音，以驚人的速度移動，快得甚至可以追上行駛中的車輛。一旦被磕磕婆婆追上，很可能會小命不保。磕磕婆婆速度固然快，可是她並不擅長直角轉彎，所以多轉幾個彎就可以甩掉磕磕婆婆了。

　磕磕婆婆原本是位普通的老太婆，卻在深夜的平交道被電車攔腰輾成兩截。
　還有另一則傳說，同樣在平交道意外中過世的老婆婆，被稱作「磕磕妖怪」，這個妖怪只剩頭顱、肩膀、胸口和上臂，專門出沒在平交道。

保健室的幽靈

請保重

某一所小學，曾經有位二年級的女學生感冒發高燒卻堅持到校上課，上課途中，她忽然咳個不停，於是暫時離開教室，前往保健室休息。不久後，女學生才決定要回家，可是她卻在返家途中不支倒地，最終不幸離世。

自那時起，放學後的保健室，便會出現蓋著棉被的女孩幽靈。若是掀開棉被，可能會看見一位瘦骨嶙峋、面色蒼白的女孩在咳嗽。一旦遇見這個幽靈，不論走到校內的哪個角落，總會聽到咳嗽聲。據說是只有親眼目睹過她的人才聽得見咳嗽聲。

傳聞，任何人在保健室撞見那個幽靈，都會被傳染感冒，最終病死。而唯一能躲過這場禍事的方法，就是唱誦三次「請保重」，唯有如此才能平安無事。

有人要買腳嗎？

賣腳婆婆

有位少年獨自走在路上，看見一位婆婆背著偌大的包袱迎面走來。當婆婆走到面前時，竟問：「要買腳嗎？」少年被突如其來的問題嚇得一時語塞，而老婆婆卻只是不斷重覆著同樣的問題。

少年看向那個大包袱，心中正想著「那包袱裡面肯定裝著很多人的腳。」於是大喊：「我不要腳！」豈料話音未落，老婆婆竟以巨力將少年的一隻腳活生生扯斷，塞進包袱，然後頭也不回地離開了。

曾經也有另外一位少年遇到賣腳婆婆，當他回答說：「我要。」的時候，結果老婆婆從包袱裡拿出一隻腳，硬是把殘肢接在少年身上，少年就此變成了三隻腳。

踢球的少女

天色已晚，只有少女一人獨自在踢球玩耍。路過的爺爺對少女說：「已經很暗了，趕快回家。」少女卻仍自顧自地踢球並不答話。老爺爺覺得少女很奇怪，又問：「如果是，就踢一下；如果不是，就踢兩下。小妹妹妳是不是已經死了？」少女踢了一下。老爺爺又接著問：「妳是怎麼死的？」忽見少女怒眼直瞪大叫：「就是被你殺死的！」

另一則踢球少女的傳說是這樣的，有位卡車司機雨天開著卡車，突然看見路中央一位女孩在踢球，雖然司機用力急踩煞車，卻是為時已晚。當司機下車以後，找遍四處卻怎麼也找不到被撞的少女。原來從前這條道路在施工時，有位少女來到工地陪伴工作的父親，她就在附近踢著球，卻不幸被砂石崩落意外掩埋，不幸喪生。數十年後砂石再次崩落，讓少女的白骨得以重見天日。從那時開始，少女的幽靈就不時在這條路上出沒。

某個隧道口附近有個叫「踢球山」的地方，從前有一位少女在這裡踢球時，遇上肇事逃逸的死亡意外。據說，從此以後每到夜裡，這附近就會出現那位踢著球的少女幽靈。

眼前飛舞的蝴蝶……

蝶

傳說，死者亡魂和將死之人的靈魂會化作蝴蝶出現在最親密的人眼前。類似的故事古今皆有，時有所聞。

有些故事是，描述生前關係親密的逝者會變成白色的蝴蝶；也有說法是，過世的奶奶變成紫色的蝴蝶來找孫子。另一名男子曾親身經歷，當親密的女性過世之際，自己手邊的鳳蝶標本竟然翩翩飛起來，像是和男子道別。

除了蝴蝶，有些故事指出，逝者或將死之人會以蜻蜓或者蝙蝠的模樣在親人面前現身。

這時理科教室角落的骸骨模型卻動了起來，
並且變成了少女的模樣。

一旦知道了所有的七大不可思議……

學校七大不可思議

許多學校都流傳著「七大不可思議」，聽說如果集滿全部七個怪談會發生恐怖的事情，所以絕對不可以全都知道。

得知全部的七大不可思議，可能會落得各種駭人的下場，例如隔天突然暴斃，或是必須在二十歲以前把七個不可思議的怪談全都忘記，否則就會死；又或是把七個不可思議說出口，就會飛來橫禍。

曾經某所小學有六名小學生聚在一起，每人輪流講一個學校裡的怪談。當第六個人說完後，幽靈花子竟忽然現身，親口講述第七個怪談，這六名小學生從此得知了全部的七大不可思議。

每所學校的七大不可思議內容不盡相同，甚至有些學校還流傳超過八個以上的故事。據說只要得知八個以上的不可思議事件，就可以迴避得知學校七大不可思議將會帶來的恐怖詛咒。當然也有另一種說法，一旦得知第七個故事並不會出事，反而是在聽完第八個故事後才會降臨禍事。

樣貌駭人的老太婆妖怪

學校的鬼婆婆

深夜時分在某所校園內，警衛正在校舍裡巡邏。他爬上樓梯剛要打開通往屋頂的門，卻感覺背後似乎有人。回頭一看，是個身穿和服的白髮老婆婆，她已經爬到了樓梯中段，正抬眼看著警衛。鬼婆婆瞬間張開血盆大口，嘴角裂至耳根處，模樣恐怖至極。警衛見狀嚇得腿軟，當場跌坐在地。他試圖掙扎站起身來，身體卻不聽使喚，無法動彈。鬼婆婆一步一步走上階梯朝他逼近，警衛拚命地揮動手臂想趕走鬼婆婆。就在此時，鬼婆婆倏地撲上來雙手緊掐住警衛的脖子。

聽說，後來是其他警衛發現他昏倒在地，將他救醒，而鬼婆婆卻早已不知去向了。

披髮隱藏的祕密

整形妖怪

整形妖怪看起來就是個長髮的高眺女子，五官輪廓很漂亮，但卻以長髮遮住半張臉。

女子逢人就問：「我漂亮嗎？」此時如果回答「很漂亮」，她就會撥開頭髮，露出滿是傷痕的另外半張臉，接著再追問：「這樣也漂亮嗎？」

就算被嚇到想要逃開，女子還是會緊追在後，重複問著同樣的問題。所以一旦遇到絕對不可以跟她對上眼，最好裝作沒看見繼續前行。

傳聞，女子生前接受美容整形手術，卻因為手術失敗導致半張臉留下恐怖的傷疤，最終選擇自殺，成為了亡靈。從此流連人世，不斷向路過的人問：「我漂亮嗎？」

遺言影片

一名男子因事故身亡。他曾經在半年前拜託朋友錄下一段給家人的遺言影片，以防萬一自己發生意外。

朋友掌鏡當時，男子站在白色牆壁前，對著鏡頭表達對家人的感謝。可是當朋友把影片交給家屬播放後，卻看見男子站在畫面中央，伴隨著嗡嗡嗡的雜音說著話。突然影片中傳來一聲極為悽厲的慘叫，最後從畫面角落伸出一隻手，緊緊地扯著男子的手腕。

據說，後來他們拿這段影片請靈媒鑑定，靈媒看過後表示，影片拍攝的當下已有股強大的力量要將男子拖進地獄，沒想到男子還能多活半年，反倒令人覺得不可思議。

從無人的音樂教室傳來的鋼琴樂音

鋼琴怪談

有一所學校，每到放學，空無一人的音樂教室裡卻經常傳來鋼琴的樂音。原來這所學校以前有位喜歡鋼琴的少女，總是在音樂教室裡彈琴。可是自從少女遭遇意外喪命後變成幽靈了，還是會來到音樂教室彈奏鋼琴。

還有另一所大學也有類似傳說，在深夜時分，講堂裡會傳來琴聲，那琴聲來自於一位喜歡學琴卻不幸重病喪命的女孩。琴鍵上的污漬疑似血跡，那首曲子恰恰是按著沾上血跡的琴鍵來彈奏的。

另一個版本則說是有少女演奏的時候，琴蓋忽然闔上，導致十根手指被夾斷，少女過沒多久就去世了。少女生前斷指無法彈琴，所以變成幽靈回來彈琴。

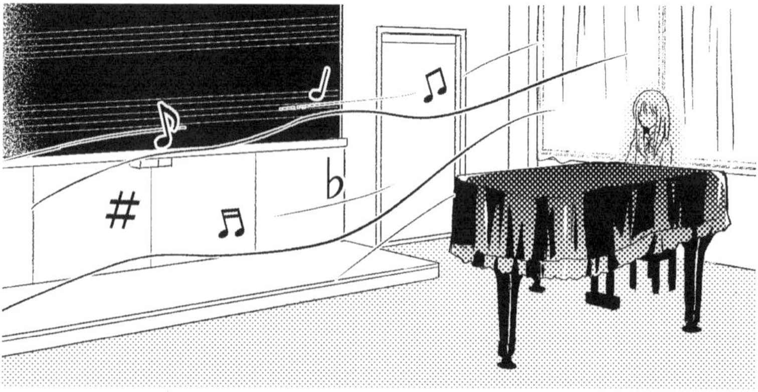

會動的模型……

骸骨少女

一間理科教室內，在課程結束以後，一名學生正在收拾剛才課堂使用的實驗器材。就在這時，教室的燈光忽然熄滅，櫃子隨即劇烈搖晃起來，實驗道具紛紛掉落，化學藥品也灑了一地。

那名學生還來不及反應究竟發生了什麼事，只能怔怔呆立。這時理科教室角落的骸骨模型卻動了起來，並且變成了少女的模樣。那少女向學生招招手，說著：「拜託……跟我來……我在這裡……」學生嚇得當場昏厥，醒來後人已經躺在保健室的床上了。

那學生後來才聽說，原來那間理科教室幾年前曾發生過一場意外，一位女學生因為處理化學藥品不慎而喪命。大概是那女學生的亡靈依附在骸骨模型上，又因為太想要交朋友，才會在教室裡現身。

時而狂暴時而舞蹈

骸骨模型的怪談

以學校理科教室裡的骸骨模型為主題的都市傳說特別多。傳說，每當夜深以後，骸骨模型就會動起來，有的會奔跑，有的會舞蹈，而有些甚至會攻擊人類，類似情況不一而足。

儘管這些模型少有造成重大傷害的案例，卻仍有少數骸骨模型相當凶殘。曾經聽說有孩子在理科教室的水槽洗手時被咬死，或是將一起玩的孩子也變成了骸骨模型的傳說。

另外有某些骸骨模型，則是特別喜歡跳舞。據說曾有骸骨模型會配合音樂教室的鋼琴聲，在樓下的理科教室內跳起舞來；又聽說曾有骸骨模型會隨著午餐時間播放的嘻哈音樂大秀舞技，甚至還跟當時一起跳的學生成為朋友。

他往牆壁仔細一看，發現牆壁跟家具中間
僅一公分寬的縫隙裡有一名女子，正瞪著
眼睛看向自己。

全身濕答答的妖怪

濡女

曾有人在河堤旁與一名全身濕透的長髮女子擦身而過。他立刻回頭查看，卻發現女子已經消失不見了。

關於「濡女」，自古流傳著這樣的故事：濡女會抱著嬰兒出現在海邊，硬把嬰兒塞給路過的人，然後消失在大海之中。據說濡女硬塞的嬰兒和石頭一樣重，而且還會緊緊黏住人的手腕，根本扯不下來，所以那人自然也就無法動彈，這時候會出現一個叫作牛鬼的妖怪把人吃掉。

還有一種名字與「濡女」類似的妖怪，叫作「濡女子」。濡女子會在雨夜中現身，全身濕淋淋並且見人就笑。一旦遇到濡女子，千萬不能回以笑容，否則會被她糾纏一輩子。

轉過頭來的那張臉上……

縫紉機女孩

有一名少年，在深夜睡夢中因為尿急而醒過來。他離開二樓自己的房間到一樓上廁所，正要上二樓繼續睡的時候，卻發現走廊深處那台腳踏式的縫紉機前坐著一名陌生的少女。少年嚇得愣在原地，望著那名少女，只見少女突然轉頭面向少年，沒想到少女臉上本該有眼睛的地方卻空空如也，只有看似瘀青的痕跡。少年還沒反應過來，少女已站起身，慢慢向少年走了過來。少年急忙衝上樓梯，聽到背後傳來腳步聲，少年回到房間躲進被窩裡渾身發抖。直到天亮，再也沒有發生任何怪事。他鼓起勇氣走出房間，走到縫紉機前查看，只看到縫紉機上面的褐色線團亂糟糟地糾纏在一起。

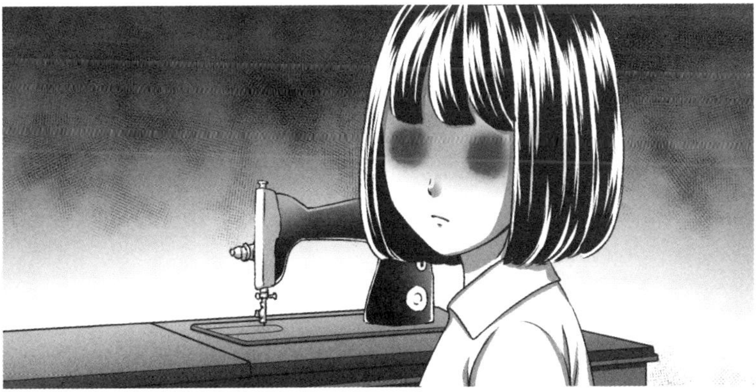

無處不在的視線

縫隙女

曾經有名獨居的學生，在房間裡總是感覺自己被人窺視著，但回頭查看卻什麼都沒有。大概是自己多心了吧，學生決定熄燈就寢。可是從那時開始，他每天在房間裡面都能感覺到他人的視線。公寓房間很小，他找遍整個房間，根本沒有地方可以藏人。即便如此，仍舊令他莫名在意。這時學生無意間瞄向牆壁，竟然發現櫃子跟牆壁之間僅數公分寬的縫隙中，竟然有一名女子，正死死地盯著自己看。

目擊縫隙女的經驗談可說是時有所聞。聽說曾經有位男子去朋友的公寓造訪，朋友說：「我有喜歡的對象了，我介紹給你認識。」同時指向牆壁。他往牆壁仔細一看，發現牆壁跟家具中間僅一公分寬的縫隙裡有一名女子，正瞪著眼睛看向自己。

縫隙女出現的地方並不限於室內，據說曾經有位少女就躲在兩棟大樓的狹縫間，還把看見她的人也給拉進縫隙裡。

有時候縫隙女也會開口向人搭訕。如果縫隙女說：「我們來玩躲貓貓。」千萬不可以答應，因為無論怎麼躲都會被她發現，最後被拉進異次元空間再也回不來。

早在江戶時代就流傳著縫隙女躲在戶袋*的傳說。據說當時有人發現雨戶關不起來，試圖使勁硬拉的時候，結果從戶袋裡跳出了一名女子。唯一不同的是，這個縫隙女倒是並沒有一直死死地盯著別人看。

＊戶袋：日式建築中，用來容納雨戶的狹小空間。
　雨戶，則是用來防颱擋雨的木板。

虐待螳螂的下場

螳螂先生

傳說螳螂先生會出現在某間學校的廁所。

虐待螳螂的孩子只要進到廁所，就會聽見螳螂先生的聲音說：「我要你的手。我要你的腳。我要你的身體。我要你的頭」。

這個時候絕對不可以出聲。一旦發出聲音會立刻被螳螂先生帶往異次元世界，然後被剝奪雙手雙腳、身體和頭顱，昏厥過去。醒過來後，你會發現自己已經變成了一隻螳螂，即將被另一個人類模樣的自己給殺死。

如果能在當下誠心向螳螂先生道歉的話，則罪不至死，但還是會變成螳螂的模樣，而且再也無法恢復原形。

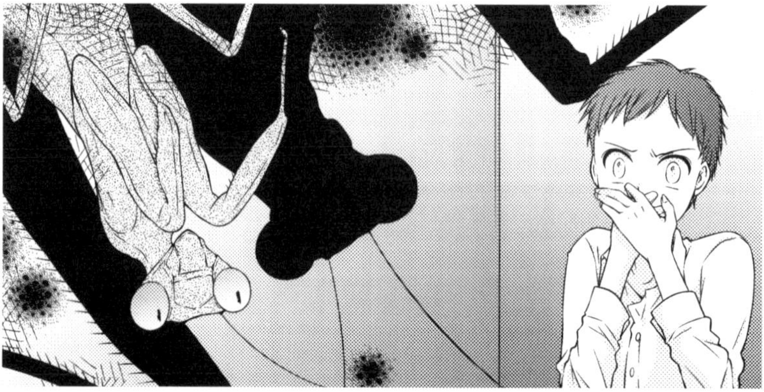

吃廚餘的妖怪

黏答答

黏答答是妖怪，會在某所學校的焚化爐旁邊挖洞居住。

他總是在夜深以後才會從洞裡出來，翻找營養午餐的廚餘來吃，也有人說他會在夏天搬到游泳池底下住。

還有一種說法是黏答答經常會跑到四年四班的教室去玩。一旦有人靠近，黏答答就會趴在天花板埋伏，待那人進到教室裡才撲上去吃人。不過黏答答很討厭魷魚，據說拿乾魷魚丟向黏答答，黏答答就會落荒而逃。

囓骨女妖是一種會趁著夜深把死者骨骸從
墓地裡挖出來啃食的女妖怪。

啃死人骨頭的女妖怪

嚙骨女妖

嚙骨女妖是一種會趁著夜深把死者骨骸從墓地裡挖出來啃食的女妖怪。

一群學生參加學校定期舉辦的林間學校活動，來到某個深山裡的小村落，寄住在村落的寺廟裡。事情發生在林間學校活動的最後一晚。當所有人就寢，過沒多久，一名少年被尿意催醒，他走出房間穿過長廊來到廁所，邊尿尿邊往窗外看，才發現放眼望去是一整片的墓地。

就在這個時候，他好像看到有什麼東西在動。月光灑落勾勒出了一個輪廓，看起來像是個身穿白色和服、面色蒼白的長髮女子。那女子徒手挖掘翻動墓地的泥土，從土裡不知道拿出了什麼放進嘴巴裡啃食。

忽然那女子一轉身望向少年，這才看清楚她手裡握著的是死人骨頭，嘴裡同樣銜著骨頭，並且對他說：「被你看到了。」隨即一把就將手裡的骨頭朝少年丟過來，並同時飛身撲向廁所的窗戶。少年全速逃出廁所，衝過長廊，回到房間立刻矇進棉被死命憋住聲音。

那女子追到房間裡並說：「已經睡著的人腳是溫的，剛剛去上廁所的人腳是冷的。」接著翻開棉被一一摸著每個孩子的腳，連摸好幾個都說：「不是這個。」那女子越來越靠近，終於來到少年旁邊，少年只覺得有隻冰冷的手握住了腳踝，女子一聲「就是你！」嚇得少年大叫出來。驚叫聲吵醒了其他孩子，大家起身開燈一看，發現那女子已經不見了，可是少年的腳踝仍能看到被緊緊掐住的痕跡。

那女子是人稱「囓骨女妖」的妖怪。有些地方會把舉行葬禮或去葬禮幫忙稱作「啃骨頭」或「咬骨頭」；有些地方古時候甚至有習俗會啃咬火葬後燒過的人骨，而囓骨女妖的傳說可能便是由此而來。

趕快來找我……

藍眼睛的娃娃

某所學校，有棟在戰前就已經蓋好的舊校舍。每到夜裡，舊校舍的二樓就會傳來非常悲傷的哭聲呼喚：「媽咪、媽咪……」曾經有個聽到哭聲的老師把這件事告訴下宿＊家庭的大嬸，大嬸聞言竟滿臉認真的要老師帶她到學校去。

傍晚來到學校，大嬸直接走向二樓的教室。她告訴老師，自己曾經把某樣物品藏在天花板裡，老師依言往天花板翻找，果然發現一個用報紙包著的包裹，層層剝開已經泛黃的報紙後，露出一個藍眼睛的西洋娃娃。

原來大嬸小時候曾就讀這所學校，她在第二次世界大戰爆發時，將這個藍眼睛娃娃藏在天花板內。

當時在戰爭爆發前夕，美國為了展現兩國交好的友好關係，特地準備了大量藍眼睛娃娃，分送至全日本各地的學校。可是自從戰事爆發後，學校很快就收到命令必須處分這些來自敵國的禮物。大多數娃娃都遭到焚燒銷毀，大嬸覺得不捨所以才把娃娃藏到天花板裡面。時隔數十年，大嬸淚眼汪汪地將娃娃緊緊抱在懷裡，那藍眼睛娃娃從此再也不哭泣了。聽說，娃娃如今仍被妥善收藏在學校裡。

＊下宿：在別人家裡寄宿借住。

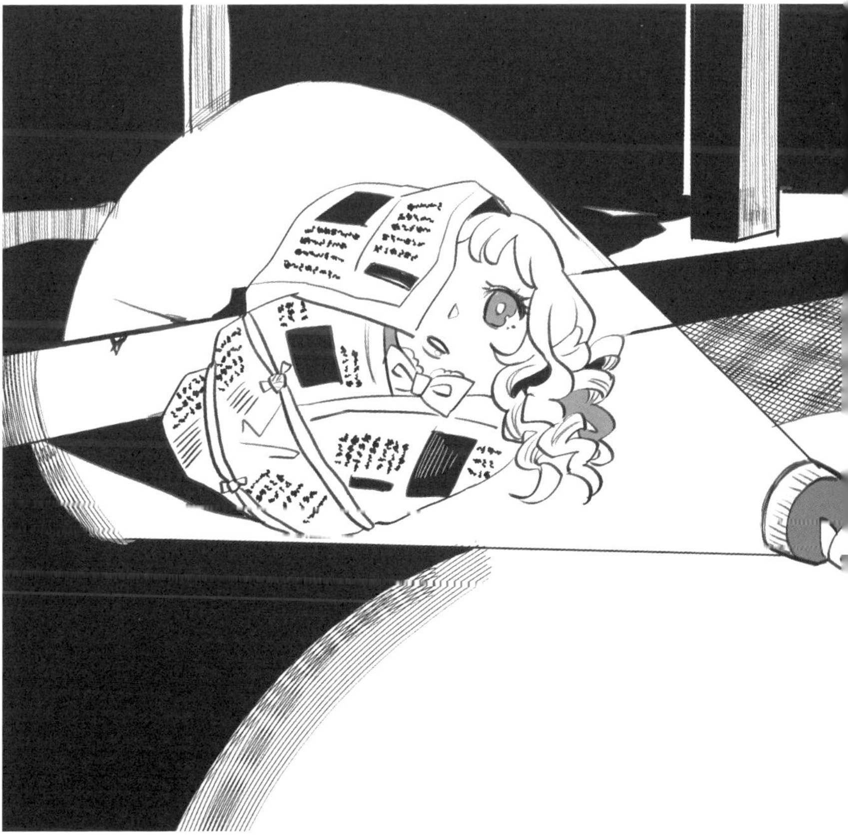

流淚的雕像

藍色的身影

事情發生在一所小學，當時，有兩個男孩留在教室做美勞作業。眼看天色漸暗，他們正收拾東西準備回家，卻忽然發現教室裡浮現一團白霧。朝走廊望去時，又看見有道藍色的身影掠過教室外面，迅速鑽進了美勞教室。其中一個男孩選擇直接回家，另一個男孩卻決定去美勞教室一探究竟，然而那個踏進美勞教室的男孩，當晚便離奇失蹤了。

數週後，當初選擇回家的男孩再次進入美勞教室，迎面便看到一個非常熟悉的身影——那是失蹤男孩的顏面雕像，雕像的眼角竟還掛著兩行藍色的淚痕。

據說從此以後，每到深夜，總有人聽見美勞教室傳來男孩的啜泣聲哭著說：「我好想回家……」

一起盪鞦韆……

鞦韆小童

如果在四月「逢九」的日子跑到學校的鞦韆玩耍，據說會遇到一名身穿雨衣的鞦韆小童。

鞦韆小童會邀小朋友「我們一起盪鞦韆吧」。如果答應和他一起玩，只要在第九下時往前盪，被邀請的那位小朋友就會莫名消失。反之，如果在第九下時往後盪，則是什麼事情都不會發生。

傳說有位身材纖細的女妖怪，出現時總伴
隨著「鏘鏘」的金屬敲擊聲。

帶人一同上路的小女孩

繪美子

據說，只要聽過這個故事，故事中的小女孩就會出現。

故事是這樣的，曾經有位小女孩名叫繪美子。某天搭車時，她正將零食分成兩半，準備要分享給同行朋友。怎知道卻在這個當下遭遇車禍，最終只有繪美子一人不幸罹難。

任何聽過這個故事的人，三天後的夜裡，繪美子就會出現，將其帶到陰間去。不想被繪美子帶走的話，就必須在睡前於枕邊擺放分成兩半的零食。原來，當時的繪美子已經把零食分好，正待享用卻突然遇禍身亡，所以才會需要供奉分成兩半的仙貝、巧克力等零食，給當年那位未能如願品嘗零食樂趣的小女孩。

鏘、鏘

傳說有位身材纖細的女妖怪，出現時總伴隨著「鏘鏘」的金屬敲擊聲。那女妖怪長髮及腰，身穿和服，手中還緊緊握著看似堅硬而沉重的凶器。

根據實際目擊者描述，某日他聽到鏘鏘聲，所以探頭進起居和室一看，赫然發現房內坐著一位背對自己的女性，他嚇得叫了出聲來，那女子聞聲回過頭來。不看便罷，一看那女子雙眼都插著與瞳孔同粗的鐵釘，還笑著說：「不光是你，你的家人都要完蛋了。呵呵呵。」然後就消失了。

從那天起，那戶人家時不時會響起「鏘鏘」聲，而那人母親的行為舉止也變得越來越反常。據說這個奇怪的現象持續了長達八年之久。

注意這個聲音

鏘鏘鏘

鏘鏘鏘是個沒有下半身，貌似少女的妖怪。

鏘鏘鏘出沒於某所小學，有時候她會划動雙臂在地面爬行前進；有時候則會叉著雙手從樓梯上一級一級跳下來。為什麼叫這個名字呢？那是因為她揮動手臂時，會發出鏘鏘鏘的金屬磨擦聲。

鏘鏘鏘會用長爪在走廊爬行追逐攻擊人類，這時同樣也會發出鏘鏘鏘的聲音。如果不幸碰上鏘鏘鏘緊追在後，千萬不能回頭，否則她會迅速啃咬頭顱，所以無論如何都不可以往後看。

還有其他地方也曾傳出鏘鏘鏘出沒的情報。曾經聽說有鏘鏘把整個人吃掉，又或是把受害者的下半身扯斷，將受害者變成另一個鏘鏘鏘。

尋找玩伴的少女

鏡子裡的奈奈

奈奈是名只存在於鏡子裡的少女，雖然鏡中能映照出她的身影，但她並不存在於真實世界中的任何時空。而且只有特定的人才能看見奈奈，更能夠透過鏡子跟奈奈對話。曾經有位少年能和奈奈對話，當奈奈邀請他到鏡子裡跟自己一起玩，少年卻覺得害怕所以把鏡子收進倉庫，從此不再與奈奈見面。

歲月流逝，轉眼少年已經長大成家。某一天，奈奈再次現身於鏡中邀請他「來我這邊玩吧」，男子表示拒絕，奈奈便說：「既然如此，我就找那個孩子一起玩。」說完便消失。兩天過後，他的妻子不幸流產。也就是說，奈奈選擇和他那未出世的孩子當玩伴去了。

遭人遺棄的娃娃打來的電話

麗佳娃娃的電話

有一位少女曾經很疼愛一個麗佳娃娃，後來趁著搬家時卻把娃娃丟掉了。搬到新家沒多久，她接到了一通電話：「喂，我是麗佳。妳怎麼可以丟下我呢？我也要讓妳嘗嘗同樣的滋味。」她心想只是惡作劇便把電話掛斷。可是幾天後，又接到電話：「喂，我是麗佳。我現在在附近的車站，過來接我吧。」少女害怕得趕快掛斷。到了深夜，電話卻又響起：「喂，我是麗佳。我在車站等妳，妳怎麼都不來？不過沒關係，我現在就在妳背後。」

關於麗佳娃娃的電話還有另一個版本的故事。一名少女獨自看家時，因為無聊想打發時間，於是打給麗佳娃娃，聽說這個電話號碼能和麗佳娃娃通話。電話接通以後，聽見麗佳娃娃的聲音說：「喂，我是麗佳。我現在要出門去了。」隔了一會兒，少女又再撥了一次電話。麗佳娃娃說：「喂，我是麗佳。我現在人在外面。」

少女覺得很好玩，所以再打了一次。麗佳娃娃又說：「喂，我是麗佳。我現在人在妳家外面。」少女開始覺得害怕，趕緊掛上電話躲回房間。就在這個時候，她的手機接到了一通未顯示號碼的來電。她戰戰兢兢地接起電話，再次聽到麗佳娃娃的聲音：「喂，我是麗佳。現在我就在妳背後。」

攜伴幽靈

隼人和結是一對夫妻，他們與另一對夫妻朋友相約前往山中的別墅度假。由於隼人工作繁忙會晚點抵達，於是讓妻子結和朋友三人先行開車出發。

車子剛駛進山路時，結感到一陣濃濃睡意而睡著了，醒來時，她發現自己正躺在別墅的沙發上，朋友夫婦卻神情凝重地看著自己，一副難以啟齒的模樣。結問他們發生什麼事了？朋友這才好不容易開口——隼人在趕往別墅的途中，不幸車禍身亡。晴天霹靂之下，結悲痛欲絕，就在這時，突然聽到門外傳來急促的敲門聲，緊接著聽見隼人的聲音大叫：「結！開門！」結走近門邊，卻被朋友夫婦拉著，緊張地說：「隼人已經死了，他是要來帶妳一起走的。千萬不可以開門！」可是結還是把門打開了……

等到結再次醒來，她發現自己躺在醫院的病床上，床邊守著自己的正是丈夫隼人。結只覺得腦袋一片混亂，對於發生什麼事情是毫無頭緒，於是隼

人緩緩地向結解釋事發經過。

原來真正發生車禍的，是結和朋友夫婦一起開往別墅的那輛車，朋友夫婦當場身亡，結則是身負重傷，歷經了一整晚在鬼門關前徘徊。出現在結夢中的那對朋友夫婦，大概是為了帶她一起前往陰間的攜伴幽靈。

千萬不可以在這裡跌倒

籃框底下的洞

這是某所小學流傳的都市傳說。這間學校的籃球社有很多社員，大家都很認真練習。然而卻傳聞「絕對不可以在籃框下跌倒」，因為籃框下有個眼睛看不見的大洞，凡是在籃框下跌倒的學生全都當場消失，不知道是掉進異次元空間或是進到其他世界去了。

有次一名五年級的男生在籃框下跌倒了。他甚至還來不及跌坐在地，人一下子就消失了，而那男孩再也沒有出現。

根據某些體質特異者的說法，偶爾可以在籃框下看見一位白髮蒼蒼的老婆婆蹲在那裡。

有個名叫「あ行怪」的妖怪，外貌像老婆婆，
專門潛伏在學校天花板。

來自異世界的教師

U老師

曾經有位任職於某幼稚園的U老師，U老師有許多奇怪的舉動。他會讓園裡的小朋友唱一首旋律複雜，而且歌詞艱澀難懂的歌，名叫《光之誓言》。他還曾經帶領全體小朋友一起製作傳統詛咒用的稻草人偶。有一次，幼稚園校外教學，U老師帶著小朋友們來到神社後面的大樹前，讓他們把稻草人偶釘在樹幹上，然後合唱《光之誓言》。結果那次校外教學結束後，許多小朋友陸續生病或受傷。

幾天後，U老師突然失蹤。沒人知道他去了哪裡，而且他的身影也從所有照片中消失了。甚至有些孩子已經忘了U老師的存在，其他老師則完全不知道有這麼一位同事。據說U老師本名叫作「宇出千切」，傳聞他是來自異界的非人類。

謎語的答案是……

あ行怪

有個名叫「あ行怪」的妖怪，外貌像老婆婆，專門潛伏在學校天花板，或是其他特別陰暗的場所。（あ的羅馬拼音為 a）

如果放學後獨自一人在校內逗留，這時會有一位老婆婆突然從天花板跳下，並伸出像蜘蛛般的長臂從背後緊緊抱住落單的學生。老婆婆會伸長舌頭舔舐落單者的脖子，然後在他耳邊不停重覆低聲問：「あ行三，さ行五。謎語的答案是什麼？」

如果能迅速答出正確答案，老婆婆就會放手回到天花板裡消失。但萬一答錯又或者是答不出來，老婆婆就會一直舔著脖子，然後用銳利的牙齒咬斷脖子。至於這道謎語的答案是什麼？可以根據日語的假名排序來解開，「あ行」的第三個假名是「う」，「さ行」的第五個假名是「そ」，合起來就是謎語的答案「假的」（うそ）。

各都道府縣的離奇故事

學校童子（岩手縣）、骷髏騎士（琦玉縣）、電車幽靈（岡山縣）等93則。

超速奔跑的女人

衝刺女

傳說在北海道某所學校，有一名女子會以驚人的速度穿梭於校舍之間。她的速度極快，沒人能看清她的長相，還有人說她的速度高達時速一百公里以上。

殺熊引起的惡劣天候

熊風

距今大約一百年前，曾經發生蝦夷熊襲擊民宅造成大量傷亡的事件。據說，當人們將熊射殺並搬運屍體時，原本晴朗的天空驟然烏雲籠罩，並伴隨著強風颳起了暴風雪。

當地人把這陣強風叫作「熊風」或「熊嵐」。傳說，如果有人在山裡獵到熊，就連山腳下都會颳起熊風。

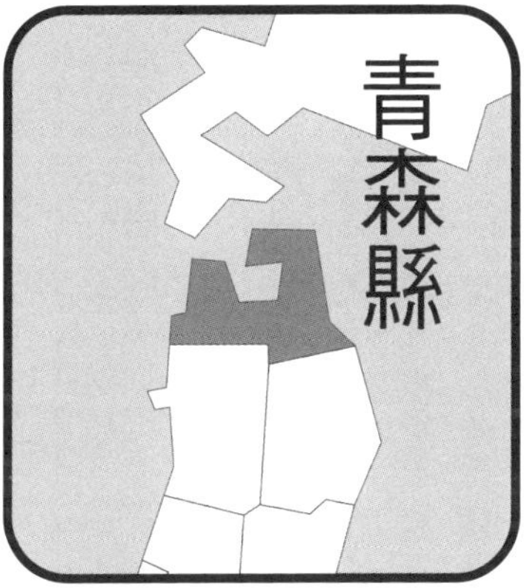

坡道上的神祕男子
西裝怪人

在青森縣的某個坡道上，有一位穿著西裝的怪人出沒。他會站在長坡道上，把路過的腳踏車給踢倒。當他要離開的時候，會把身體蜷成一團像球一樣，接著從坡道滾下，就此消失不見。

出現在夢裡的老婆婆
要不要頭

曾經有人在地藏菩薩石像的臉上發現貼著一張紙。據說，如果有人撕下那張紙，那天晚上會夢見一位老婆婆問：「要不要頭？要不要頭？」如果回答「不要」，那人會斷頭而亡。聽說這位老婆婆出沒於恐山，至於老婆婆跟地藏菩薩有何關聯，那就不得而知了。

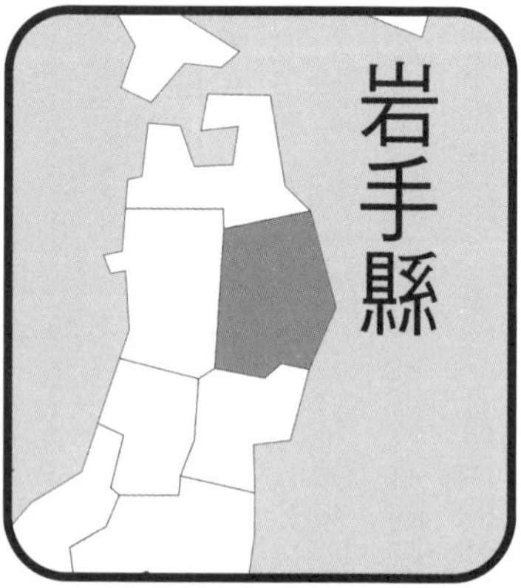

出沒學校的神祕童子

學校童子

在一般家庭裡出沒的是「座敷童子」，而學校則有「學校童子」。

一九一〇年前後，岩手縣後遠野市的某小學曾經有學生目擊學校童子。聽說當時只有一年級學生看見他。另一所小學則流傳著不同的故事，有位年約六、七歲身穿白衣的小孩，會從學校大門一路跑進教室玩耍。許多人認為，那小孩應該就是學校童子。

關於學校童子，還有這麼一則故事。某所高中每年暑假都會舉辦校園試膽大會，負責假扮鬼的學生會躲到各個教室埋伏，等待時機跳出來嚇嚇參加試膽的學生。某年試膽大會結束後，有人到處問「哪個教室最恐怖」，眾人異口同聲答「三年四班」。然而，根本就沒有扮鬼的學生躲在三年四班。於是大家都說在三年四班教室裡看到的，應該就是學校童子。

宮城縣

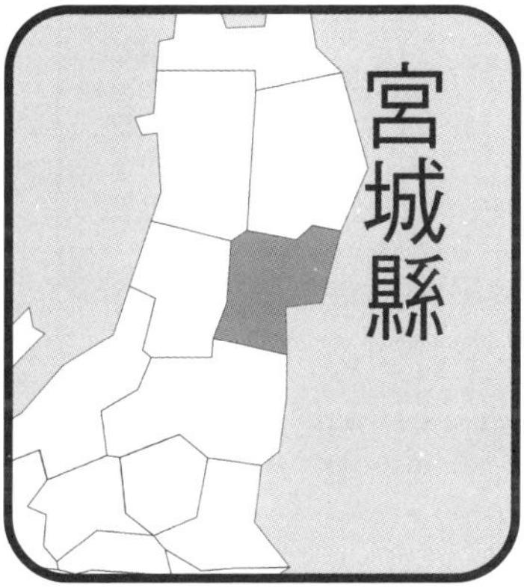

尋找頭顱的女子
千島麗子

這是曾經遭遇交通事故而身亡的女性亡靈。相傳，她在車禍中被輾斷頭顱。死後以無頭的身軀四處遊走，尋找丟失的頭顱。這個傳說主要流傳於宮城縣北部。

飄飄然的不明物體
袈世藍婆娑藍

在宮城縣也有人稱作「袈世羅婆娑羅」。關於袈世藍婆娑藍的傳說，早在江戶時代便已有文字記錄，這種奇怪的現象主要發生在東北地方。

袈世藍婆娑藍是一種酷似白色毛球，會飄飄然浮遊於空中的神祕物體。據說它能給人帶來幸福，還說可以把它放進精美的桐木箱裡，以女子化妝用的白粉餵養。不過在東北地方有傳說則認為，它每年只會出現一次，若出現兩次以上就會招來禍事，

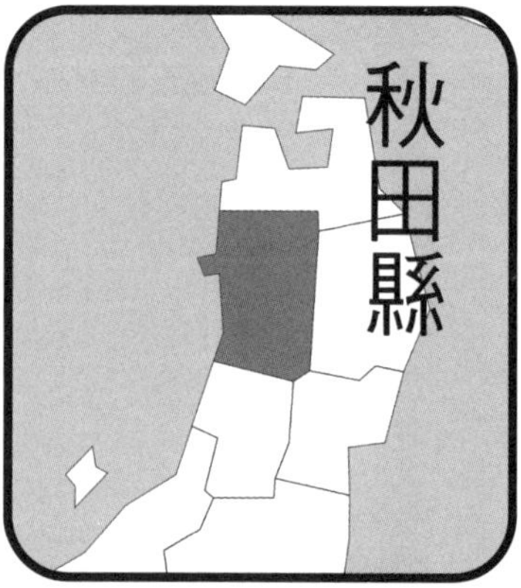

巴在後背的妖怪

背背妖怪

背背妖怪是潛伏於學校地下儲藏室裡的妖怪，一旦爬上人的後背，就很難將其甩開。這是發生在秋田縣某所國中的靈異現象。

學校廁所和「阿岩」

阿岩

提到「阿岩」，不少人都知道江戶時代鶴屋南北所創作的「東海道四谷怪談」。故事描述阿岩遭人餵毒，導致半張臉毀容，死後變成怨靈報仇。儘管與四谷怪談的故事並無直接關聯，某些關於學校廁所的恐怖故事卻也經常會提到「阿岩」這個名字。據說，在秋田縣某所學校的廁所內呼喚「阿岩」的名字，便器裡的水就會毫無來由地流動起來。

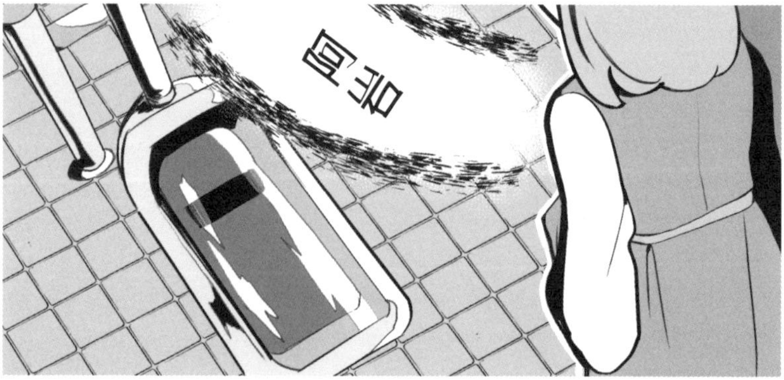

我想喝牛奶

宗像君

這則傳說發生在山形縣某所小學的廁所。當走進男生廁所聽見有人說：「拜託你，我想喝牛奶。」假如真的帶來牛奶，就會有隻手從門縫裡伸出來接。再過一會兒，會發現廁所內只剩一個空空的牛奶瓶。

坐在樓梯上的女子

斷頸女

山形縣有一座展望台是著名的靈異景點。據說，人們偶爾會在展望台的階梯中段發現一名女子，那名女子的脖子呈不自然的角度彎曲並坐在階梯上，傳聞那是從前在展望台往生的亡靈。

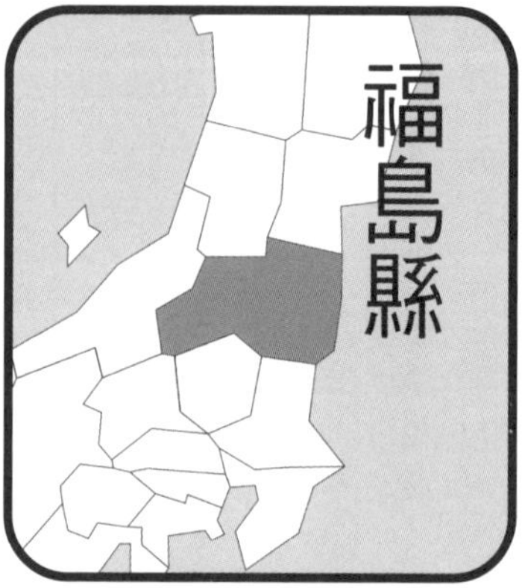

石碑旁的幽靈

御仮屋大人

傳說，福島市有一所國中蓋在前身為刑場的遺跡上，操場的石碑附近有個名叫御仮屋大人的幽靈出沒。如果有人用腳踢石碑或是做出不敬的舉動，就會有不好的事情發生。

秀髮烏黑亮麗的女子

秀髮特技表演人

秀髮特技表演人是名有著一頭烏黑亮麗的頭髮，總是穿著紅衣，戴著紅帽的高䠷女性。她主要出沒在福島縣一帶。這名女子的個子很高，左腕布滿割痕，臉上除了一張大嘴巴以外，眼窩的部分深邃漆黑，而且沒有眼珠。

她會突然出現在行駛中的車輛前方，也經常坐在公園的長凳上。一旦被她盯上，很可能會被她擄走。聽說有些人只不過是看了她一眼就出了意外。

茨城縣

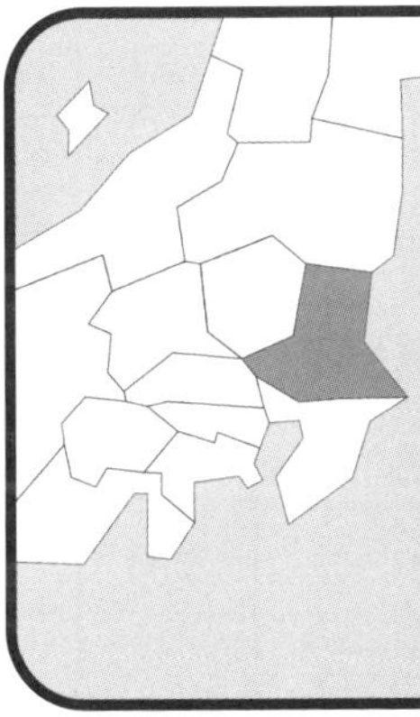

古書老人

風化老頭

據說這位幽靈是一名出沒於筑波大學某宿舍的老人，總是閱讀一本已經風化（經年累月逐漸劣化）的古書。

死前喊出的最後一句話

姊姊牆

故事發生在筑波市。曾經有位小孩正要穿越馬路去找姊姊時，卻不幸被車撞死。不久發生地震，在事發地點後方的大樓發現牆壁出現了裂痕，牆壁竟然隱約浮現出「姊姊」二字。後來的人們把那面牆喚作「姊姊牆」，不過那面牆之後被重新粉刷過，現在已經看不到文字了。

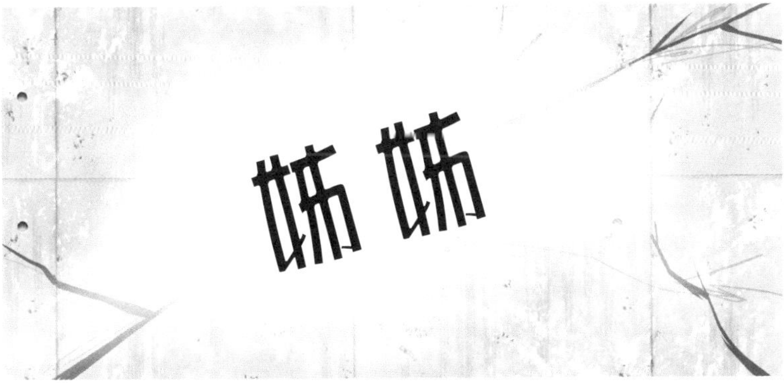

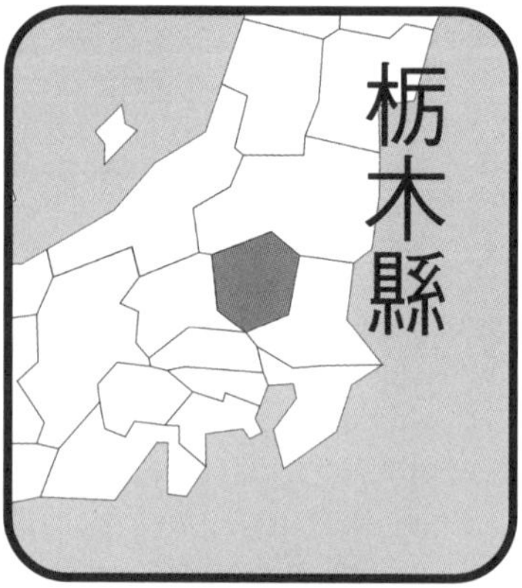

監視道路的幽靈

道路的守護靈

這個幽靈出沒於栃木縣某條道路上，專門幫助那些眼看即將在十字路口出車禍的人。據說這個幽靈生前就是在同一地點車禍身亡的女子。

直接掐人脖子的幽靈

蓬萊

據說蓬萊會出現在某所學校的廁所。只要走到從右邊數過來的第四間廁所敲敲門，並喊聲「蓬萊」，它就會應聲。如果再對它說「我們來玩吧」，這時蓬萊會回答「我們來玩掐脖子吧」，隨即伸手緊緊掐住脖子，然後瞬間消失。

群馬縣

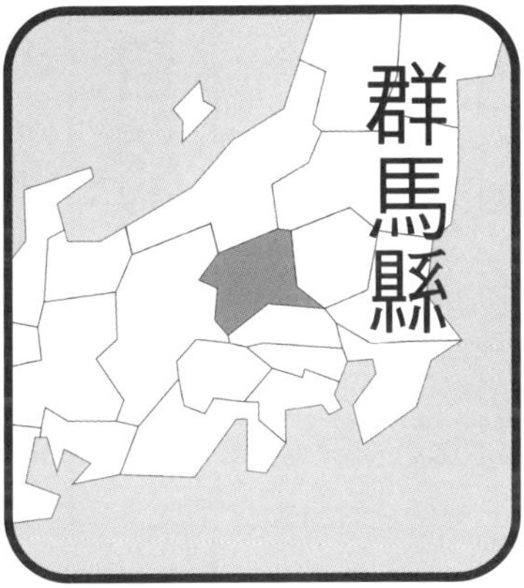

誘發事故的幽靈

相名勝馬

「相名勝馬」是因危險駕駛撞上電線桿而喪命的暴走族頭目。傳聞，他死後會現身在暴走族的同伴面前說「給我手」、「給我腳」。後來他的同伴果然分別在相對應的部位也受了傷。當時相名勝馬駕駛的那輛事故車，後來被牽到中古車行賣掉。聽說他也曾經出現在副駕駛座上擾亂，導致新車主發生車禍。

不過如果把「相名勝馬」的日文發音「そうなかつま」倒過來念，則會變成「まつかなうそ」，意思是「純屬虛構」。

滿臉是血的女子

紅色夾克的女子

水上町的滑雪場經常有一名身穿紅色夾克的長髮女子出現。當這名女子滑著雪現身時，總是滿臉鮮血直流。據說她就是過去曾擅自闖入滑雪場內禁止滑雪的山崖，結果不慎墜崖身亡的亡靈。

琦玉縣

從水池裡伸出來的手
沼澤婆婆

傳說沼澤婆婆會出現在某一所女子高中。如果有女學生心存嫉妒，又或者在背地裡詛咒朋友，只要心存惡念的學生靠近學校的水池，就會有隻手從水中伸出把她拖進池裡。

黑色機車怪談
骷髏騎士

骷髏騎士出沒於琦玉縣山間。曾經有名年輕人騎車跑山時回頭一看，發現後方出現一輛黑色機車，那位騎士頭戴黑色安全帽，身穿黑色騎士服，並以驚人速度超車揚長而去。當時那位年輕人清楚地看見，安全帽裡並非正常人的臉，而是骷髏頭。

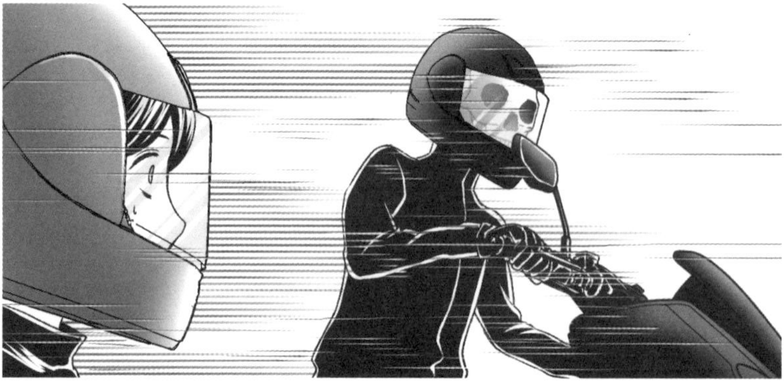

千葉縣

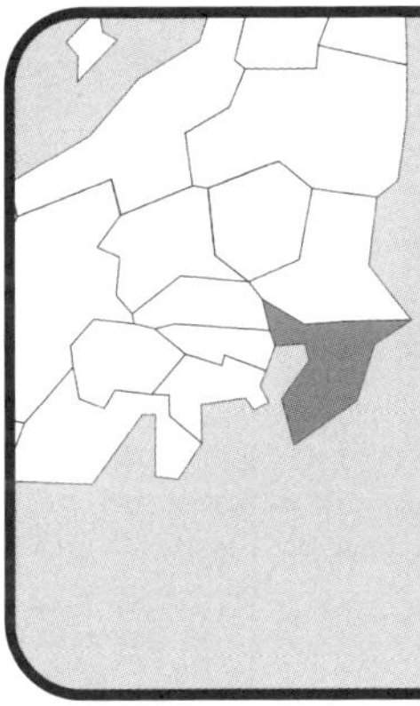

進得去出不來的森林

八幡不知藪

市川市有片正對著國道的小小森林。這片森林入口處佇立一個小小的鳥居。據說一旦走進去，就再也出不來了。八幡不知藪的傳說可追溯至江戶時代，關於這片森林為何成為生人勿近的禁地？有人認為：「此地乃古代日本武尊紮營之地，不可輕入。」總之，流傳著各種不同的說法。

被打上沙灘的屍體

頭、手、腳

這則傳說描述一名出現在千葉港海邊的女子。曾經有三位男子在沙灘上搭帳篷露營，期間出現一名女子對他們說：「頭、手、腳。」三人完全無法理解是什麼意思，所以不予理會。當晚，巨浪襲來，三人連同帳篷一起被捲入大海。直到隔天，三人的屍體才被沖上沙灘，而每具屍體分別缺少了頭、手、腳。

深夜突然出現的電車

幽靈電車

一九六九年廢除的玉川線，原本是一條行駛於平面道路的路面電車。聽說在某個末班車已過的深夜裡，有人曾經目睹一輛獨獨載著一名女性的電車駛入車站，停靠了片刻。沒多久女子和電車就一起消失無蹤。

和尚的詛咒

七個和尚

八丈島流傳著這麼一則傳說，在江戶時代，有七名和尚漂流來到了八丈島。當時島上正逢大饑荒，島上居民並沒有將糧食分給和尚們，和尚們最終還是因饑餓而亡，並對見死不救的島民懷恨在心。

後來在島上便流傳，只要有人談論這七名和尚的壞話，就會遭到作祟報復。不久之後，某處道路施工現場，有人說起了這七名和尚的壞話，果然最後發生土石崩塌事故，造成七人喪生。

背著孫子屍體的老婆婆

隧道的老婆婆

這是箱根町某座隧道附近的都市傳說。曾經有位老婆婆和她的孫子在隧道附近的公車站旁被車撞了，老婆婆向路過的車求救，卻沒有人願意停下車來幫忙，導致孫子因未能及時送醫而死亡。從此以後，老婆婆會背著孫子的屍體在隧道內阻擋來車，如果不停車，老婆婆就會以驚人的速度追著車子。

另一個版本的故事則是說，凡是被老婆婆盯上的車，無論停或不停，都將永遠無法駛離隧道。

神祕的同學

公明君

這則傳說流傳於某所國中的畢業生之間。這屆學生當初剛升國中入學時，老師在第一次點名時曾經叫到「公明君」的名字。

可是卻沒有人知道那位學生姓什麼，連家長是誰都不知道，住址也是模稜兩可。雖然這位公明君在學校裡只是一位非常普通的男學生，但卻不曾有人去過他的家。

直到入學一年多後，公明君突然轉學了，也沒有向任何人說過要搬去哪裡。儘管流言不斷，但公明君的真正身分至今仍是不解之謎。

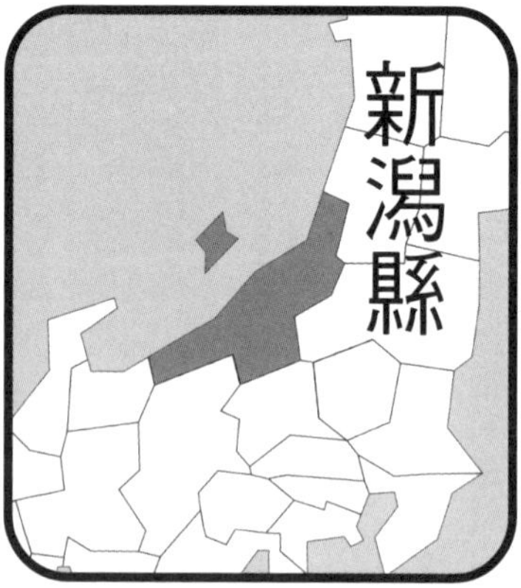

全員覆滅的聚落
新潟傑森村

這是關於某個聚落的靈異傳說。曾經有位精神不穩定的少女，她先是殺害自己的家人，接著又拿著鐮刀潛入村裡其他村民家中殺人。一夜之間把整個聚落的所有居民全數屠殺。之後，少女就像是遭到附身似地一路往南奔跑，最終消失。案件發生後，這座聚落便荒廢破敗，不知何時開始被人稱作是「新潟傑森村」。

遭遇神隱的少年
沼河比賣

這是松代町（現在的十日町市）附近的靈異傳說。當地神社舉辦祭典期間，曾經有名少年在山中遭到神隱*直到第四天才再次出現。他聲稱在山裡遇到一位身穿白色和服的女人。少年說：「那漂亮的女人讓我躺在她的膝蓋上，還拿了一種好吃的食物給我吃，叫作蒔發（毬酸漿草）」。鎮上的人議論紛紛，認為這位女子肯定是附近供奉的女神——沼河比賣。

*神隱：意為「被神怪隱藏起來」，指人遭神怪誘拐、擄走而導致行蹤不明。與台灣的「魔神仔」類似。

一定要忘記的名字

海豚島

傳說，如果有人到了二十歲還記得「海豚島」這個名字，身體便會四分五裂而死。

關於「海豚島」的另一則都市傳說則是說，如果二十歲還記得「海豚島」這個名字，就會有人打電話來問：「有沒有人要腳？」而且這個傳說各地都流傳著各種版本。

叼著煙管的老人

一尺爺爺

這是冰見市的都市傳說。傳說有位身高約三十公分的小老頭，他會站在一個叫作市谷橋的地方，叼著煙管（類似煙斗的抽煙道具）瞇瞇地微笑。然而，自從當地道路全面整修後後，他就再也不曾出現了。

石川縣

潑熱水的妖怪
貓婆婆三人組

每到深夜兩點，如果走到某所學校附近的山上，就會遇到一個叫作貓婆婆的妖怪。據說，只要發現有人靠近，貓婆婆就會拿熱水潑過來。隔天早上，被熱水潑過的那片地就會長出毛髮。

不可思議的圖騰柱
圖騰柱怪談

某間學校的畢業生曾在校舍和圍牆之間的狹小空間豎起了一根圖騰柱。這根柱子不但能夠實現人們的願望，還會懲罰那些想要加害他人的惡徒。還有人說，如果在圖騰柱上疊起來的幾個面孔中，發現某個臉上雙眼流血，那麼三天以內必將飛來橫禍。

不過聽說只要好好打掃保持清潔，圖騰柱的邪氣就會消失。

福井縣

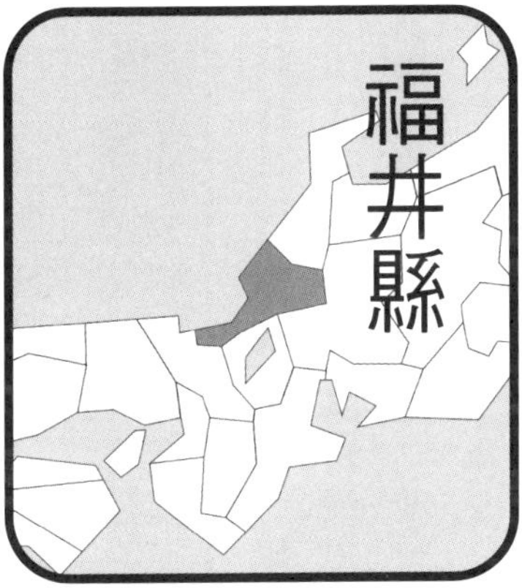

從背後傳來的腳步聲

沙沙沙

在下雪的夜晚走在路上，後面明明沒有人，卻總是聽到「沙沙沙」的腳步聲。有時候腳步聲會不太一樣，也有人說聽起來像是「涮涮涮」。

站在樓梯就會出現

闇子

闇子會出現在學校。傳說在樓梯處站超過十五分鐘以上，闇子就會現身，遇到闇子的人雙腳會被綁起來，然後被殺害。在東京有所小學還有一則傳說，若在三樓廁所裡的第三間敲三下並叫「闇子」，這時裡面就會有人應聲，如果打開門會發現空無一人，只有一團黑色的東西。

山梨縣

伐木幽靈的怪談

與作

與作是某所學校的怪談，據說與作是個會帶著斧頭和鋸子出現砍倒樹木的幽靈。他會在放學後對走廊上的學生說：「從這裡走要把腳砍斷哦。」這時候只要回答：「別砍我的腳，去砍樹。」那麼與作就會離開去森林裡伐木了。

高速狂奔的老頭

時速一百公里的老頭

據說有一名男子開車時，發現人行道上面有一位步行的老頭。起初他並沒有在意，繼續開車駛入隧道，沒想到那位老頭突然跑了起來，而且還用時速將近一百公里的速度跟汽車並排狂奔。

長野縣

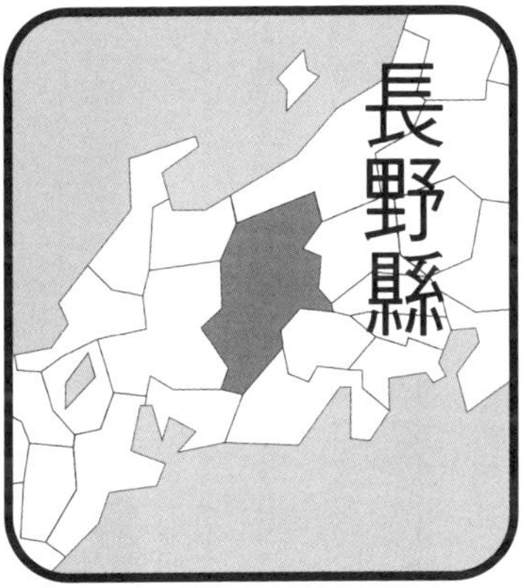

神祕女子

與閃電一同出現的女子

一名神祕女子經常出沒在某個公園。她通常會站在公園盪鞦韆和溜滑梯的之間，等天色漸漸暗下，神祕女子就會隨著落雷一同現身。據說，任何人只要伸手碰觸她，就會隨她一起消失。如果看到神祕女子出現，可以大喊「神祕男子」，就能得救。

髮被喪

恐怖的手環

這是發生在信州新町的一樁靈異事件。髮被喪是個直徑約十公分，使用黑色繩子編成的手環。這條手環原本放在一個木箱裡，箱子外面裹著一張布，布上寫著很是艱澀的漢字，據推測是佛經的經文，箱子埋在石碑下。石碑上刻著四個表情痛苦的人物，他們互相糾纏在一起，看起來有點恐怖。

當戴上手環的瞬間，周圍突然響起「嘎——」不知是鳥還是猴子的尖叫聲。不久，手環上的細線竟一根一根的刺進佩戴者的手腕，還會在皮膚底下鑽。這時只能把遭入侵的身體部位砍掉，因為如果不趕緊截肢，髮被喪會一直往大腦方向啃食。被截肢的傷口卻不會流血，反而會掉落無數的頭髮。

據說，髮被喪一旦入侵到大腦，那些頭髮就會一根一根的刺進腦子。

隨著敲打太鼓的聲音出現

太鼓婆婆

傳說有一位背著一條巨龍的白髮老婆婆會隨著敲打太鼓的聲音出現，誰要是被這老婆婆捉住，就會被帶給河童吃掉。

恐怖的球

紅色的球、藍色的球、黃色的球

某一所小學，有三位女學生一起去上廁所。忽然有三名女人出現，她們手裡拿著一顆球，分別是紅色的球、藍色的球和黃色的球。三名女人問：「要不要紅色的球呢？」「要不要藍色的球呢？」「要不要黃色的球呢？」據說選擇紅色球的女學生，全身血管迸裂渾身是血；選藍色球的女學生，則是血管完全被抽乾；唯獨選擇黃色球的女學生最終得以平安走出廁所。

靜岡縣

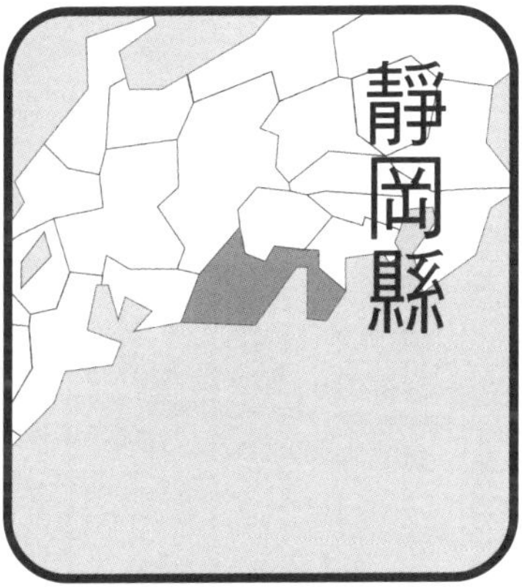

問路婆婆

問路的老太婆

傳聞，某所大學的學生宿舍裡有一位氣質非凡的白髮老婆婆，每到入夜後，她會到宿舍二樓的某個房間敲門詢問「隔壁城鎮該怎麼走？」然後轉身就消失不見。

霧中的少女

以汽車速度奔跑的少女

在伊豆環山遊覽公路的濃霧天裡，會出現一位少女，她會在路旁的石牆上奔跑，速度快得跟汽車一樣。據說，只要見過這名少女的駕駛，都會突然感到自己好像永遠開不到下一個交流道。

兜售骨頭的殺人老太婆

賣骨頭的婆婆

在深夜一點到兩點左右，某所學校會出現一名年約九十的老婆婆，她逢人就問「要不要買骨頭」。如果回答「不要」，就會被老婆婆用骨頭重擊毆打而死；如果回答「要」，則會被抽掉全身的骨頭而死。就算選擇不回答直接逃跑，賣骨頭的婆婆也會用每秒三十公尺的驚人速度追來。

一跳一跳追過來

跳跳婆婆

這是一則發生在山道的怪異傳說。開車行駛在山路間，有時候會遇到一個女人，她會以快速的小幅度跳動追在車子後面。據說一旦被她追上就會受詛咒而喪命，因為那女人生前就是騎在這條山路上被人追撞致死。

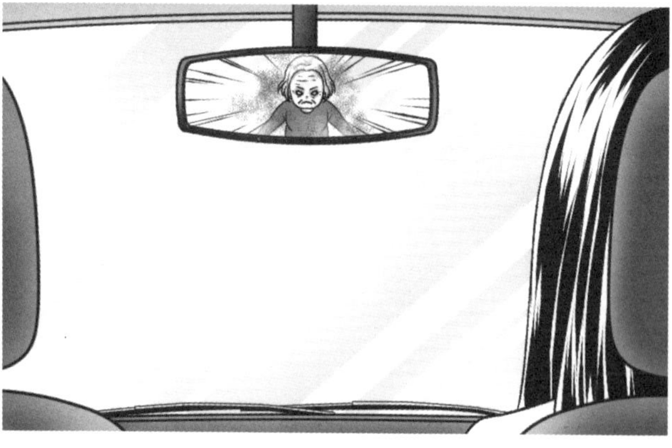

追逐學生的離奇生物

兔子婆婆

某所學校傳說有種神祕生物，牠的頭像老婆婆，身體像兔子。牠會從竹林裡跳出來，一旦和學生對到眼就會窮追不捨。據說兔子婆婆有時候也會突然從牆壁裡跳出來。

不可以讓她知道自己的名字

四角奶奶

四角奶奶會於黃昏時分出沒在十字路口附近。她會問小孩叫什麼名字，把名字告訴她的孩子就會被帶走。就算不主動說出名字，老婆婆只要看名牌，就能知道名字，同樣也會被帶到不知名的地方去。

滋賀縣

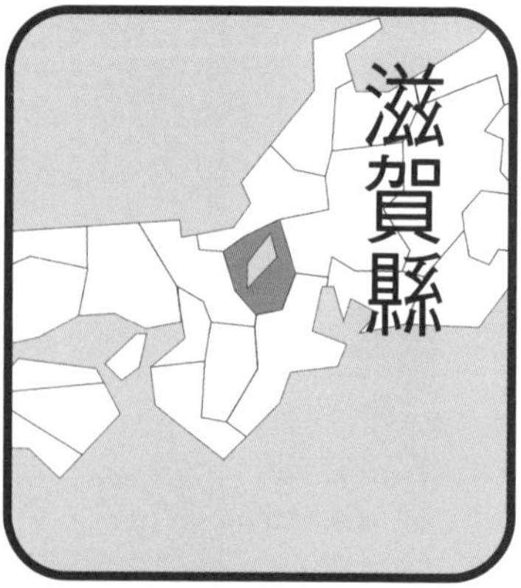

眼睛發光的娃娃
瑪莉娃娃的怪談

某所學校裡面有個名叫瑪莉的洋娃娃。如果在夜裡盯著她看，娃娃的眼睛會開始發光，那個人當天晚上就會睡不著覺。聽說這個娃娃來自美國，如果過了二十歲還記得這個娃娃，那人就會英年早逝。

水獺的惡作劇
偽人力車

曾經有位男子在河邊散步時，突然有一輛人力車衝了出來。他想起人們曾說過，河邊一帶從以前就有騙人的水獺出沒，於是便把試著把口中的香煙吹向人力車伕，果然車伕憑空消失，同時從河中傳來了一聲巨響。

過一陣子，他又在河邊看到了同樣的人力車，於是他再次把香煙吹送過去，結果又發生了同樣的事情。他想要逃回家，卻發現身體重得像鉛難以動彈。好不容易回到家裡，卻在床上躺了整整一個月。

深夜裡的聲響

竹伐狸

據說京都府有片竹林，每到深夜時分，空無一人的竹林裡就會傳來截斷細枝和砍倒竹子的聲音。

一下子出現好多隻眼睛

車窗的眼睛

這是在行經某段山道時遇到的靈異傳說。傳說，晚上開車經過，引擎就會突然熄火，駕駛也會突然動彈不得。再往旁邊車窗一看，竟然有數十隻眼睛貼出車窗上，緊緊地盯著駕駛看。

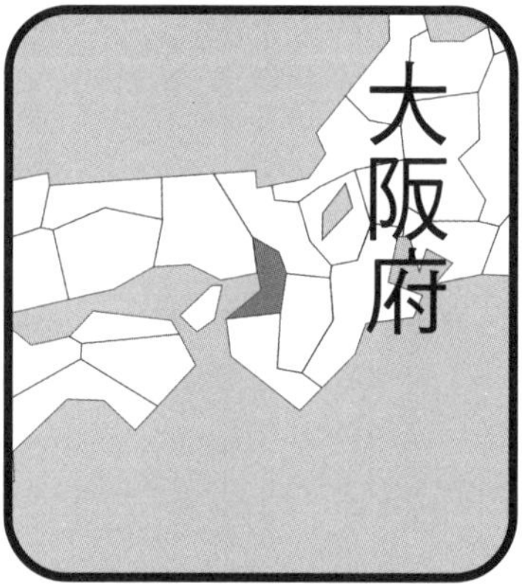

不明靈異體

噁心的東西

下雨天的深夜，玄關大門傳來敲門的聲音。開門一看，外面站著一個讓人莫名感覺噁心的東西。這個東西會問：「你要腳嗎？」若答說「不要」，就會被摘走一隻腳；相反地，如果答說「要」，那麼身上就會多長出一隻腳。如果問它「你是從哪裡來的？」那東西就會回答說「咔啊、唏咿、嘛啊」。至於這句話是什麼意思？沒人知道……

身分不明的女性

泉之廣場的紅衣女子

梅田的泉之廣場會出現一位穿著紅色洋裝或套裝的女子，有些人看得到她，有些人則是看不到。女子身穿紅衣，整個眼球連同眼白的部分都是黑色的，模樣十分恐怖。據說紅衣女子會主動靠近那些注意到自己的人，然後一直盯著那人看。

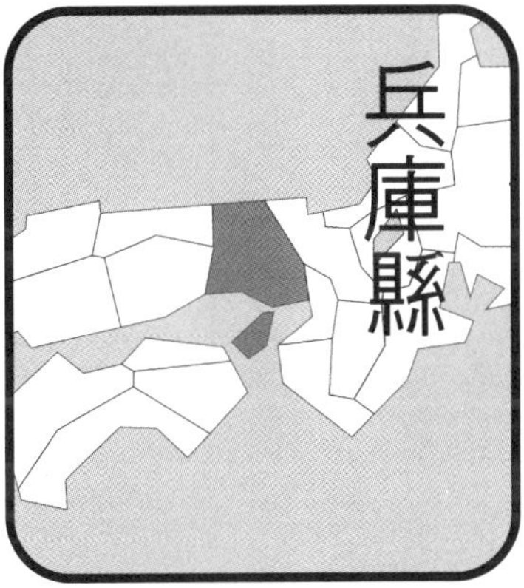

牛頭人身的妖怪

牛女

牛女出沒於六甲山地區，她有人類女性的身體和牛的頭，身穿紅色的和服。聽說遇到牛女的人不久都會出意外。

遭禁錮的少女

珍妮絲

這是個有關咒術的靈異傳說。某所學校裡舊校舍的理科教室，如果在書桌上準備鉛筆或自動鉛筆，並念咒語「珍妮絲，珍妮絲，珍妮絲，請到我的筆上來」，考試就能得高分。可是念過咒術的學生，後來就再也沒有從理科教室回來。

曾經有一個被譽為天才的左撇子少女，她玩躲貓貓時躲進理科教室的櫃子裡卻出不來，就此死在櫃子裡。人們都說，珍妮絲的真正身分就是那名少女的亡靈。

山彥

最多只能叫兩次

入夜以後，如果對著山裡大喊：「喂～山彥～」就會聽見迴音問：「誰～叫～我？」然後還會有個巨大的靈體朝著自己逼近。

據說，如果只是喊個一兩次，只要躲進門內就不會有危險，但如果呼叫三次才回家，山彥就會先出現在那人的夢裡，當睡醒睜開眼睛後，會發現山彥就在眼前準備吃掉自己。因此在夜裡呼喚山彥，頂多只能以兩次為限。

學校的幽靈

怕寂寞的幽靈

據說有一所國中，凡是最後一個回家的學生都會忽然動彈不得，有人說如果這時手裡握著紅色鉛筆，就不會有事。聽說這間學校的幽靈很怕寂寞，即使最後只剩下一個學生，也希望有人留下來陪自己，所以只有最後一個離開學校的學生才會遇到這種奇怪的事。

和歌山縣

未確認動物的怪談
槌之子

槌之子作為一種尚未證實真正存在的動物，在日本非常有名。自古以來，各地都流傳著許多關於槌之子的怪談。在和歌山縣東牟婁郡的傳說中，槌之子會吐出毒霧，凡是碰觸毒霧的人，會昏迷長達一週。

一解開謎題立刻轉頭就跑
開瓶器小童

開瓶器小童是個經常現身於中學校園的奇怪少年，他口中會喊著意味不明的句子「せすべんせてうんせそんさ」，手裡拿著一個開瓶器，並用開瓶器擊破玻璃或襲擊。這時只要說「全都是假的」，他就會哭著逃走。原來，如果重新解讀「開瓶器（せんぬき）」這個日文，意思就是要去掉「せ」「ん」兩字，將「せすべんせてうんせそんさ」這段話拿掉「せ」「ん」，就變成了「すべてうそさ」（全都是假的）。

鳥取縣

住在樹林裡的妖怪

妖怪樹

春日神社（東伯郡琴浦町）有株很大的黃櫟樹。據說這棵樹裡面冬天住著雪女，夏天則是住著七尋女房（鳥取縣和島根縣傳說中身高七尋〈約十二．六公尺〉的女妖怪），她們會把做壞事的人給拖進樹幹底部的樹洞。

消失的車站

拜島站

曾經有人出了拜島站以後，一直沿著道路往前走，走到有人居住的地方，據說那個地方就是鳥取市的青谷町。後來回到那個地方，原本通往車站的道路卻變成通往公園，人們都說，其實那裡並沒有什麼拜島站。這是個傳說位於因美線（從鳥取站到岡山縣津山市東津山站的路線）沿線的異界車站靈異傳說。

島根縣

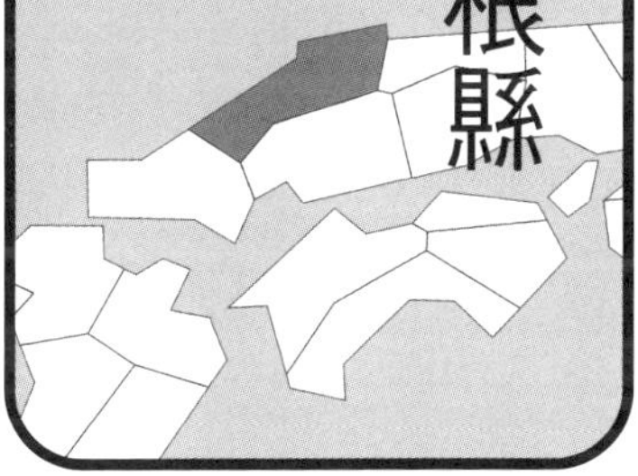

滅三小童

解開謎語就會很開心

某所學校曾出沒一個「滅三小童」，到處逢人就問上一句意味不明的話「さぼくんはえさんらいんか」。如果對他說「笨蛋」，就會被帶到不知名的異世界去。因為是「滅三」，所以只要把句子裡面組成日語「三」的「さ」「ん」兩個字拿掉，那麼這個問句就會變成「ぼくはえらいか」（我棒不棒？），此時只要回答「很棒」，滅三小童才會歡歡喜喜地離去。

愛麗絲

貝多芬的戀人

愛麗絲幽靈出沒在某所學校體育館後面的廁所。她會衝著人說：「把我的貝多芬還給我」，只要回答「我沒偷你的貝多芬」，愛麗絲就會說「是呢，好像不是你」，然後消失不見。其實這首曲子雖然名為愛麗絲，但應該是特蕾塞，因為當初貝多芬是為戀人特蕾塞而創作的曲子，原來叫作「給特蕾塞」才是，但後來不知為何曲名卻變成了「給愛麗絲」。

每次都在相同地方消失的女子

電車幽靈

有名男子每天搭乘岡山縣的赤穗線，有天他在電車上看到了一位漂亮的女生。日復一日，每次都能看到那女生在車上。她每天和男子搭乘同一輛車、同一節車廂，每次固定坐在門邊的同一個座位。男生開始注意女生是在哪一站下車，卻總是在電車開到某個地方的時候就一眨眼找不到人了。有一次，他上前查看那女生坐過的椅子，椅子上竟然濕答答的，明明這天天氣很晴朗。

原來，那位女生從車廂裡消失的那個地點，聽說曾有座無人祭拜的孤墳，在修建赤穗線時被挖掉了。那座墳的主人正是每天搭電車的那個女生。人們都說她就是因為墳被挖掉了，才會跑到外面的世界來。

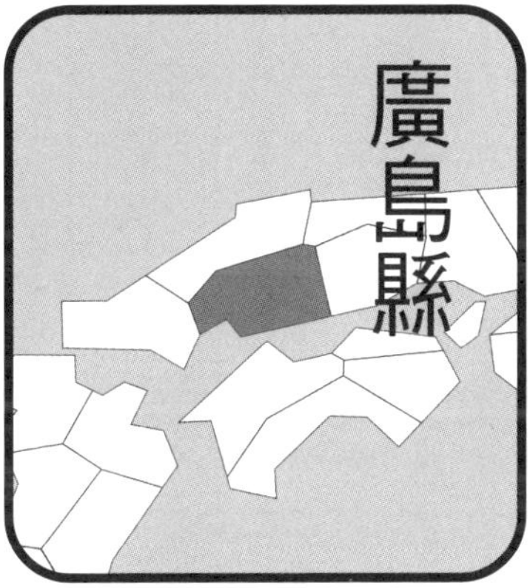

農婦打扮的老婆婆

老女加句麗

廣島縣傳說有位名叫「加句麗」的老婆婆。如果有人說出「加句麗」，必定會在三天之內，在家門前看見扮成農婦的加句麗。有人說加句麗是在二次大戰期間被炸死的罹難者，當時的她正在修理自家的門。

倏地現身的老婆婆

松茸奶奶

故事發生在廣島縣的某個島嶼。曾經有一家人來到島上採松茸，但奶奶卻在山裡迷了路便再也沒有回來。從此以後，每當有人開車經過那座山時，後座會憑空多了一位老婆婆。如果不想讓老婆婆坐上車，可以拿行李或其他雜物占住後座的位置，以防她悄悄坐上車。

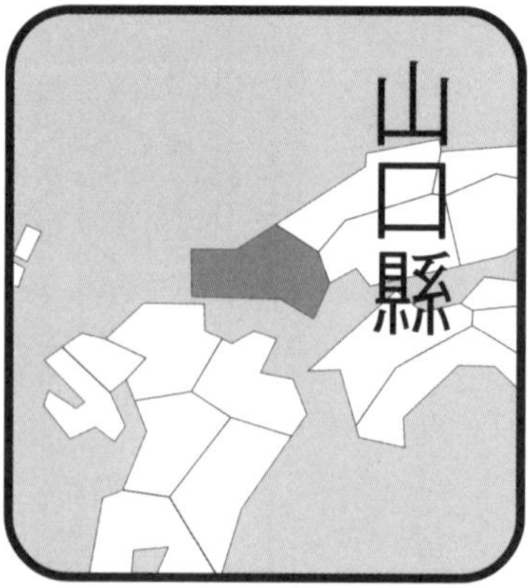

餓得動彈不了
饑文字

饑文字是傳說中出沒於周防大島源明嶺的一隻妖怪。如果在源明嶺山頂附近被饑文字附身的話，會忽然感到極度饑餓，甚至無法動彈。不過，聽說只要吃一口握飯糰，身體就能恢復行動了；另一種說法是，也可以在手心上寫個「米」字就能得救。

死亡注射
三位護理師

傳說，某間學校裡會出現三位奇怪的護理師，到處對人施打針筒，如果不幸被她們打針，必須趕緊送往醫院治療，否則小命不保。

德島縣

紅衣警衛

不可以看的警衛

有一所小學每天夜裡都會憑空多出一位原本並不存在的紅衣警衛，據說，誰要是看到了這名警衛，將會在七天之內喪命。聽說那所小學從前就是蓋在一片墓地上。

夢中的不倒翁

跟不倒翁一決勝負

傳說有個巨大的不倒翁會出現在夢中，找人對決「互瞪不眨眼」的遊戲。不倒翁會說：「我們來玩互瞪遊戲吧，呵呵呵。」如果贏了不倒翁，它會直接逃跑；萬一輸了，那對方會變成不倒翁。

香川縣

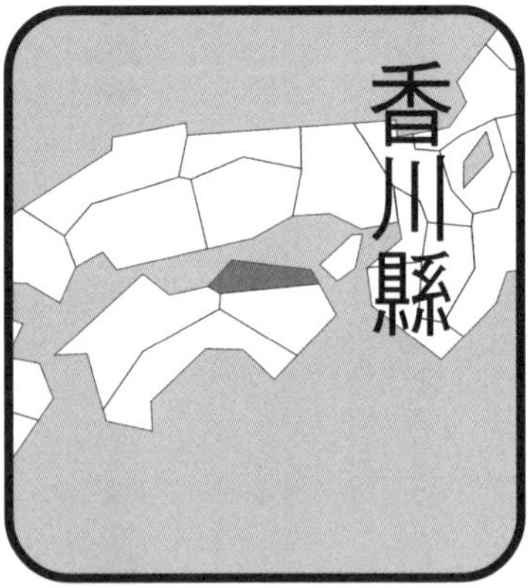

不可思議的名字
爪楊枝和三木楊枝

某個學校裡流傳著兩個妖怪的傳說，這種叫作「爪楊枝」的妖怪會朝學生丟爪楊枝＊，專門追逐學生的妖怪名為「三木楊枝」。至於「三木楊枝」這個名字是怎麼來的，到現在沒有人知道。

＊爪楊枝：木製的細籤，也就是餐後可以用來剔牙，也可以叉食物的牙籤。

有聲音從廁所裡傳來
紅色舌頭・藍色舌頭

這樁怪事發生在直島町的一所小學。距今超過七十年以上的一九四七年到一九四八年，當時，學校廁所裡經常會傳來詭異的聲音問：「要紅色的舌頭嗎？還是藍色的舌頭？」無論回答哪個顏色，屁股都會被摸上一把，甚至廁所門還會打不開，必須請人來撬門才出得了廁所。

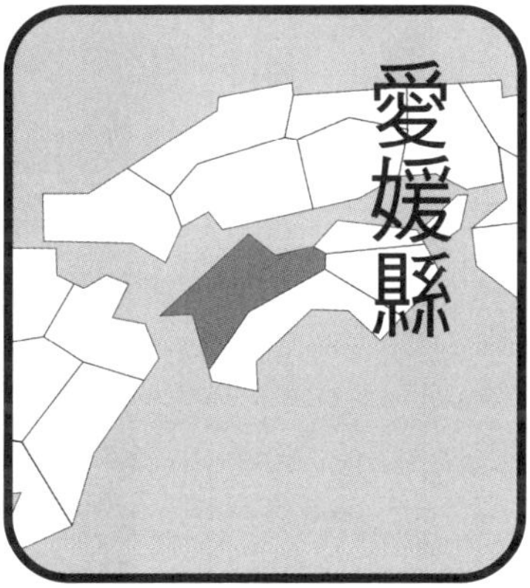

肖像畫的眼球會轉動

阿光

松山大學的會館曾經於昭和末年，即將進入平成時期被拆除重建，而這樁離奇事件則是發生在會館拆除之前。當時在會館內掛著一幅描繪女子坐在椅子上的肖像畫，據說畫中的人眼睛會移動。如果對著肖像畫指指點點，可能會意外受傷，也有人說，伸手觸摸畫作，還可能會遭到詛咒。

不知從何處傳來的聲音

佛崎之女

距今大約八十年前，新居濱市與西条市交界處有座面海的山崖，叫佛崎山崖。船隻駛過山崖前方時，會傳來一位美女的聲音喊：「請讓我上船。」一旦船員聽到這個聲音就會發高燒病倒。

後來這個位置新闢了一條公路，據說開車經過也會聽到美女的聲音說：「請讓我上車。」

現身於深山聚落的守護神

森守大人

傳說「森守大人」是高知縣的深山某個聚落的守護神。基本上祂會守護賜福於這片聚落，不過一旦被祂盯上，可是會被奪去靈魂，丟進森林當作肥料。什麼樣的人會被森守大人盯上呢？無論人類還是野獸，擾亂森林秩序整潔的不淨之物都會遭森守大人詛咒，三年以內就會喪命。據說森守大人的詛咒聲聽起來像是「阿姆」、「阿哞」，而他的長相看起來和普通的人類小孩無異。

以上內容來自於二〇一二年四月十一日在日本 2ch 論壇靈異板網友投稿。

不可以回頭看的橋

回頭橋

這座橋位於高知縣香美市，是當地著名的靈異景點。據說過橋時絕對不可以在半途中往後看，如果回頭，就會看到有位表情恐怖的和服女子從草叢中現身，拖著身體追殺過來。除此之外也有另外一種說法，一旦回頭，會看到從橋下伸出無數白色的手，像是要把人扯下橋。

真身不明的怪物

禍垂

禍垂出沒於福岡縣的犬鳴山一帶，外形看起來像只有上半身的人類，平常以雙手抓住樹枝，吊掛在樹上。犬鳴嶺和犬鳴隧道是這附近著名的靈異地點，據說禍垂能控制在犬鳴隧道車禍喪命的亡靈，使喚亡靈糾纏、甚至是殺害死者生前的親朋好友。

出現在溜滑梯的婆婆

剪指甲婆婆

這是個發生在某學校溜滑梯上面的靈異現象。深夜十二點還在溜滑梯逗留，剪指甲婆婆就會出現說：「我幫你剪指甲吧。」如果回答「好」，會連同手指被剪掉；如果回答「不好」，整隻手會被一起剪掉。

手裡提著的竟是自己的頭顱

人頭燈籠

人頭燈籠的靈異現象在四國最常見，也曾出現在佐賀縣和東京都。人頭燈籠會拿著竹製的提手，底下懸掛著自己從脖子連根截斷的頭顱，而那顆人頭會散發出朦朧的燈光，若有人被它盯上，便會大病一場。

蒐集電玩軟體

電玩婆婆

傳聞有所小學，每當有人帶電動上學，電玩婆婆就會出現。婆婆會趁著教室沒人，偷走遊戲片。據說電玩婆婆至今蒐集到的遊戲已經超過了一千片以上。

出沒於學校廁所的妖怪

蝨妖怪

據說某所學校裡流傳著關於「蝨妖怪」的靈異傳說。這個妖怪總是選在放學以後出現在學校的三樓廁所。蝨是一種會寄生在人類頭部等部位，使人發癢的昆蟲，但沒有人知道這個蝨妖怪指的是不是這個蝨子……

坡道的靈異現象

毛線婆婆

某個坡道在下午四點左右，地上會突然出現一顆毛線球。如果有人注意到毛線球，很快就會有位老婆婆出現並說：「可以幫我撿一下毛線球嗎？」如果撿起毛線交給對方，就會遭其用毛線絞死；如果說「圍巾、手套、襪子……紅色毛線不夠呢」。那麼毛線婆婆就會逃走。

熊本縣

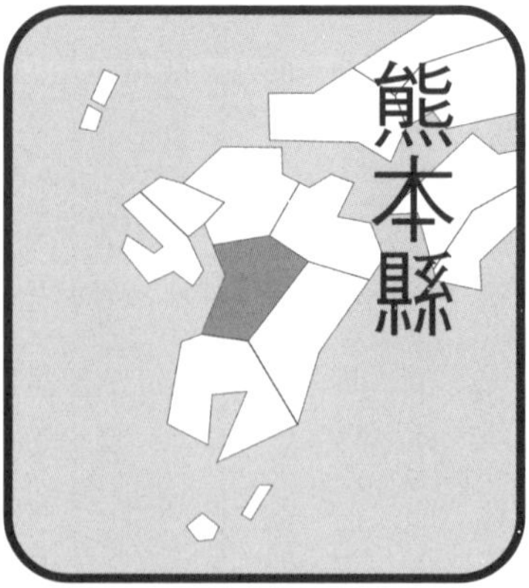

出現在火焰之中的妖怪

油須磨

相傳在某個寂靜的山道上有團熊熊燃燒的火焰，火焰中依稀可以看到一名表情忿恨的和尚，但奇怪的是，實際上從來有人目睹過這景象。明明就沒有人看過，但仍然流傳著的故事，實在很不可思議。凡是遭火焰附身的人會生病，至於什麼樣的人會被附身呢？據說是那些不節約使用油、電和瓦斯等資源，會浪費奢侈的人。

除此之外，熊本縣自古以來還流傳著另一則關於「油須磨」的傳說。

大量鍬形蟲出沒

放下來森林

有位少年到某座山裡捉鍬形蟲，忽然從背後傳來「放下來，放下來」的聲音。他回頭一看，竟然有上千隻的鍬形蟲成群飛過來。少年慌忙把先前捉到的鍬形蟲放回樹上，那個聲音才總算停止。

大分縣

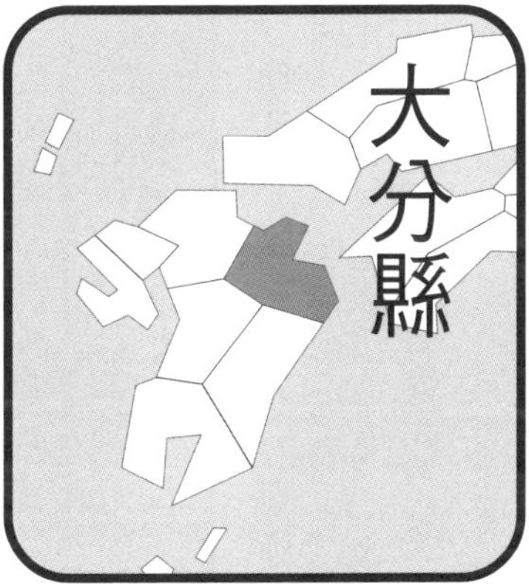

危險的老婆婆

獵頭婆婆

獵頭婆婆出沒在臼杵市某個少年用公共施設。恰如其名，據說這位婆婆會獵取小朋友的頭顱。

左手的詛咒

左手塚怪談

某所國中流傳著這樣一則故事。曾經有位女孩在「車崎」遇害身亡，當時她的左手被遺落在這所國中體育館附近。後來，人們在這裡設立了一座供養祭祀的石塚。後來，某天一位喜歡蒐集石頭的人把這石塚的石頭帶走了，從此以後體育館就經常發生左手受傷的離奇事件。例如跌倒時明明是右手先著地，結果卻是左手骨折。至於故事中的「車崎」究竟在哪裡？那就不得而知了。

宮崎縣

騎著三輪車高速出現

三輪車歐巴桑

經常有人會在沿海地區聽到踩三輪車行駛的聲音，卻不見人影。但據說有時候能看見一位歐巴桑，會以極快的速度騎著三輪車出現，然後轉眼消失不見。

隧道的離奇現象

久峰隧道

久峰隧道是宮崎縣著名的靈異景點，別名「叩叩隧道」。據說在隧道裡按三下喇叭會有奇怪的現象發生，例如會聽見「叩叩叩」的聲音，像是有人步行靠近；或是會出現女幽靈叩叩叩敲打車窗，玻璃上還會留下許多手印。

奄美群島傳說中的妖怪

水蝹

「水蝹」是奄美群島所流傳的神祕生物。體型很小，住在榕樹裡。二次大戰結束後，麥克阿瑟曾經下令砍伐大量榕樹，造成水蝹消失匿跡。甚至有傳言說，水蝹為了報復，遠渡重洋到美國詛咒麥克阿瑟。後來又有人在奄美群島再次目擊到水蝹，所以才又有傳言說「水蝹從美國回來了」。

悲傷斷氣而亡的亡靈

絹依的亡靈

一所小學，有位年輕男老師在學校留得比較晚，當他在練習彈風琴時，老是覺得旁邊有人，抬頭一看，眼前竟然是位身穿古裝的美麗女子。男老師正要開口說話，女子便默默消失。從那天以來，每當男老師練習彈風琴時，那名女子會以一臉悲傷的面容現身，靜靜地站在一旁。

後來校長告訴那名老師，恐怕那是從前喪命於此地的亡靈。傳說江戶時代有一名叫作「絹依」的女子被流放至此，年紀輕輕就客死他鄉，而她的骨骸就埋在這所小學操場的櫻花樹下。

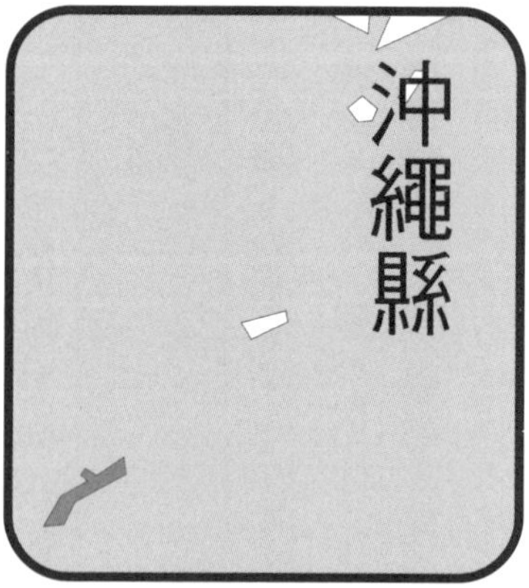

琉球沖繩傳說中的妖怪

喜如那

喜如那的模樣像個年幼的孩子，相傳是榕樹的精靈。喜如那會幫助人類捕魚，這位精靈最愛吃螃蟹。

自古流傳為人所知的妖怪

布納嗄亞

另外一種稱呼叫作「布納嗄亞亞」，外觀看起來與孩童無異，只是全身長滿紅毛，經常出沒在河邊。

運動場的奔跑怪人

馬頭人

據說有個馬頭人身的怪人，每到晚上十點就會出現在某所學校的運動場奔跑。

朝里樹嚴選
最驚駭靈異排行榜 Top 5

讀過這本書相信不難發現，日本有許多可怕的靈異存在。且容筆者在這裡介紹幾個最最恐怖的靈異生物體。

第五名是八尺大人。誰要是被盯上了她就會窮追不捨，最終遭其殺害。

第四名是假死魔。她會出現在聽過她故事的人面前，如果無法答對她提出的問題，手腳就會遭假死魔扯斷。

第三名是裂嘴女。距今約四十年前頻繁出沒在日本各地，露出自己的血盆大嘴，總是嚇得孩子們惡夢連連。

第二名是扭扭。乍看之下只是個奇怪的扭曲物體，可是一旦知道它的真面目以後，心靈恐怕會因此受傷崩潰。

第一名是妃姬子。妃姬子只在雨天現身，一經發現就會襲擊孩童。一旦被捉住就會被活生生地四處拖行，凌遲至死。

除了上述五則怪談，日本還流傳著其他許多恐怖的靈異怪談，為了避免真的遇上時慌亂地不知道如何逃生，因此最好還是趁現在事先掌握應對方式，以備不時之需。

■参考資料■

【花ちゃん】『トイレの花子さん3』花子さん研究会編（ベストセラーズ）
【バハーサル】『怪異百物語3』不思議な世界を考える会編（ポプラ社）
【バラバラ殺人事件の怪】『わたしの学校の幽霊』マイバースデイ編集部編（実業之日本社）
【プールのジョー】『オンナのコたちが語り伝える恐怖のホラー怪談』会談実話収集委員会編（二見書房）
【二口女】『怪異百物語1』不思議な世界を考える会編（ポプラ社）
【二面女】『みんなの学校の怪談　緑本』常光徹編著（講談社）
【布団の怪】『現代民話考5』松谷みよ子著（筑摩書房）
『学校の怪談2』常光徹著（講談社）
【ブリッジマン】『怪異百物語8』不思議な世界を考える会編（ポプラ社）
【ヘリコプターばばあ】『本当にいる　日本の現代妖怪図鑑』山口敏太郎著（笠倉出版社）
【彷徨少女】『トイレの花子さん』花子さん研究会編（ベストセラーズ）
【保健室の眠り姫】『学校の怪談3』学校の会談編集委員会編（ポプラ社）
【真っ赤なおばさん】『都市伝説百物語ー君のとなりの怪しい話』天堂晋助著（ベストセラーズ）
【真っ赤なリンゴ】『みんなの学校の怪談　緑本』常光徹編著（講談社）
【真っ黒なモノ】『怪異百物語7』不思議な世界を考える会編（ポプラ社）
【迷いの小屋】『都市の穴』木原浩勝他著（双葉社）
【真夜中のゴン】『夢で田中にふりむくな』渡辺節子他編著（ジャパンタイムズ）
【みどりガッパ】『わたしのまわりの怪奇現象1000』マイバースデイ編集部編（実業之日本社）

【耳そぎばあさん】『オンナのコたちが語り伝える恐怖のホラー怪談』会談実話収集委員会編（二見書房）
【夜叉神ヶ淵の怪】『女子高生が語る不思議な話』久保孝夫編（青森県文芸協会出版部）
【ゆう子ちゃん】『トイレの花子さん』花子さん研究会編（ベストセラーズ）
【幽霊授業】『怪異百物語1』不思議な世界を考える会編（ポプラ社）
【雪女】『日本国縦断　学校のこわい話』学校の怪談研究会編（永岡書店）
『トイレの花子さん4』花子さん研究会編（ベストセラーズ）
『日本怪奇物語』平野威馬雄著（日本文芸社）
【ゆきちゃん】『オンナのコたちが語り伝える恐怖のホラー怪談』会談実話収集委員会編（二見書房）
【ユミコさん】『日本国縦断　学校のこわい話』学校の怪談研究会編（永岡書店）
【ヨシオくんの木】『怪異百物語8』不思議な世界を考える会編（ポプラ社）
【読んではいけない本】『学校の怪談8』常光徹著（講談社）
【日本現代怪異事典】朝里樹著（笠間書院）
【日本現代怪異事典　副読本】朝里樹著（笠間書院）

【青い目の人形】『学校の怪談4』学校の会談編集委員会編（ポプラ社）
【赤いワンピース】『怪異百物語10』不思議な世界を考える会編（ポプラ社）
【足をください】『わたしの学校の七不思議』マイバースデイ編集部編（実業之日本社）
【あわない】『怪異百物語6』不思議な世界を考える会編（ポプラ社）
【石女】『みんなの学校の怪談　緑本』常光徹編著（講談社）

【ウサギの祟り】『ピアスの白い糸』常光徹他編著（白水社）
【えみこちゃん】『わたしの学校の七不思議』マイバースデイ編集部編（実業之日本社）
【おだいじに】『怪異百物語2』不思議な世界を考える会編（ポプラ社）
【オバリョ山の怪女】『学校の怪談6』常光徹著（講談社）
【骸骨少女】『私の学校のこわい話　パート2』ピチ・ブックス編集部編（学研）
【学校鬼婆】『怪異！学校の七不思議』山岸和彦他編（河出書房新社）
【河童】『現代民話考1　河童・天狗・神かくし』松谷みよ子著（筑摩書房）
【カマキリさん】『みんなの学校の怪談　緑本』常光徹編著（講談社）
【黒いモヤ】『女子高生が語る不思議な話』久保孝夫編（青森県文芸協会出版部）
【こいとさん】『最強の都市伝説3』並木伸一郎著（経済界）
【寂しがり屋の幽霊】『トイレの花子さん』花子さん研究会編（ベストセラーズ）
【白いずきんの女の子】『みんなの学校の怪談　緑本』常光徹編著（講談社）
【整形オバケ】『呪いの都市伝説　カシマさんを追う』松山ひろし著（アールズ出版）
【セーラー服の少女】『学校の怪談2』常光徹著（講談社）
【石像の友だち】『怪異百物語3』不思議な世界を考える会編（ポプラ社）
【ダブル】『学校の怪談12』学校の会談編集委員会編（ポプラ社）
【食べたいババア】『学校の怪談7』常光徹著（講談社）
【血を吸う目玉】『怪異百物語9』不思議な世界を考える会編（ポプラ社）
【つきまとうテスト用紙】『学校の魔界ゾーン－教室、トイレ、体育館、グラウンドで実際にあったこわ

～い話』学校の怪談研究会編（永岡書店）
【デスタウン】『都市伝説　あなたの知らない世界』山口敏太郎著（河出書房新社）
【童女石】『帰ってくる火の玉』日本児童文学者協会編（偕成社）
【七曲がりの怪女】『学校の怪談2』常光徹著（講談社）
【生首面】『怪異百物語9』不思議な世界を考える会編（ポプラ社）
【二十二号ロッカーの怪】『学校の魔界ゾーンⅠ教室、トイレ、体育館、グラウンドで実際にあったこわ～い話』学校の怪談研究会編（永岡書店）
【人形使い】『学校の怪談2』常光徹著（講談社）
【花子さんのお母さん】『トイレの花子さん2』花子さん研究会編（ベストセラーズ）

■監修／朝里 樹（あさざと いつき）
1990年北海道出生。2014年畢業自法政大學文學部。專攻日本文學。現在擔任公務員的同時，在野蒐集並研究各種靈異怪異與妖怪的故事。著書有『日本のおかしな現代妖怪事典』（幻冬舎）『日本現代怪異事典』（笠間書院）『日本現代怪異事典 副読本』（笠間書院）『歴史人物怪異談事典』（幻冬舎）『世界現代怪異事典』（笠間書院）等。

■插畫／一ノ瀬いぶき 沖野れん SHOYU ミニカ
■封面設計／久野 繁 ■內文設計／スタジオ q's
■編輯／ビーアンドエス ■編輯協助／久野早苗

■中日名詞對照表■

〈二畫〉

人孔蓋少女　マンホール少女
七夕大嬸　七夕おばさん
七曲道的怪女　七曲がりの怪女
二十二號置物櫃怪談
　二十二号ロッカーの怪
二口女　二口女
二重身　ダブル
二面女　二面女
二宮金次郎銅像怪談
　二宮金次郎像の怪
人力車幽靈　人力車幽霊
人面犬　人面犬
人面　生首面
人偶師　人形使い
人頭怪談　生首の怪
人頭運球　生首ドリブル
人體模型的怪談　人体模型の怪
八尺大人　八尺様
八甲田山的亡靈
　八甲田山の亡霊
十三級的階梯　十三階段

〈三畫〉

三隻腳的莉卡娃娃
　三本足のリカちゃん
三顆人頭　三つの生首
三點婆婆　三時ばばあ
下腰人　ブリッジマン
小丑　ピエロ
小糸　こいとさん
小花　花ちゃん
小悟　さとるくん
小雪　ゆきちゃん
小鳥箱　コトリバコ
山怪　ヤマノケ

〈四畫〉

不可以看的書
　読んではいけない本
不合手　あわない
不幸的信　不幸の手紙
不氣味醬　ブキミちゃん
中古車怪談　中古車の怪
分身　ドッペルゲンガー
分屍命案怪談
　バラバラ殺人事件の怪
反射鏡裡的惡魔
　合わせ鏡の悪魔
太郎君　太郎くん
巴在背後的老婆婆
　背中にしがみつく老婆
巴著車子的幽靈
　車にしがみつく霊
巴赫薩爾　バハーサル

手錶小偷　時計泥棒
木島　キジマさん
比津加車站　ひつか駅
牛頭　牛の首
〈五畫〉
冬天的平交道事故　傳說冬の踏
切事故伝説
四個角落的怪談　四隅の怪
四點四十四分的怪談
四時四十四分の怪
四點鐘婆婆　四時ババア
巨頭才　巨頭オ
未來的結婚對象
未来の結婚相手
甩不掉的考卷
つきまとうテスト用紙
田中君　田中君
由美子　ユミコさん

白手・紅手　白い手・赤い手
白頭巾女子
白いずきんの女の子
石女　石女
石像朋友　石像の友だち
〈六畫〉
再快一點　もっと速く
吉男的樹　ヨシオくんの木
在我們這裡
お預かりしています
在飛的女人　飛ぶ女
地下體育館的幽靈
地下体育館の幽霊
地獄之女　地獄の女
如月車站　きさらぎ駅
妃姬子　ひきこさん
死城　デスタウン
百圓婆婆　百円ばばあ

米雪兒小姐　ミッチェル嬢
耳環洞的白色線頭
ピアスの穴の白い糸
自己回來的娃娃
帰ってくる人形
〈七畫〉
佑子　ゆう子ちゃん
你明明就看得到的幽靈
見えてるくせにの幽霊
你怎麼沒死的幽靈
死ねばよかったのにの幽霊
吸血的眼球　血を吸う目玉
吸血櫻　血をする桜
尾張呂山的怪女人
オバリョ山の怪女
彷徨少女　彷徨少女
我　わたし
我現在過去　もうすぐ行く

扭扭　くねくね
找腦袋　首探し
把指甲給我　爪をくれ
杉澤村　杉沢村
沙沙女　シャカシャカ女
肘爬婆婆　ひじババア
育兒幽靈　子育て幽霊
貝多芬怪談　ベートーベンの怪
〈八畫〉
兔子的詛咒　ウサギの祟り
咔咔咔　ばりばり
咚咔啦咚　トンカラトン
夜叉神之淵怪談
夜叉神ヶ淵の怪
夜半敲門聲　真夜中のゴン
宗近君　ムネチカくん
怕寂寞的幽靈
寂しがり屋の幽霊

怪人Answer　怪人アンサー
拍照站中央的怪談　真ん中の怪
武士隧道　侍トンネル
河童　河童
注射男　注射男
注意木屐　げたに注意
狐狗狸　こっくりさん
狐狸先生的車站　お狐さんの駅
直升機婆婆
ヘリコプターばばあ
花子的媽媽
さんのお母さん
邱比特　キューピッドさん
〈九畫〉
阿菊人形　お菊人形
保健室的睡美人
保健室の眠り姫
前往異世界的方法

異世界に行く方法
幽靈上課　幽霊授業
幽靈鬼屋　幽霊屋敷
映出死狀的鏡子
死に顔を映す鏡
穿水手服的少女
セーラー服の少女
突破天花板的少女
天井を突き破る少女
紅斗篷　赤マント
紅色的房間　赤い部屋
紅色的歐巴桑
真っ赤なおばさん
紅色的蘋果　真っ赤なリンゴ
紅色洋裝　赤いワンピース
紅紙・藍紙　赤い紙・青い紙
紅通通　まっかっかさん
紅圍巾女孩　赤いマフラーの女

計程車幽靈　タクシー幽霊
〈十畫〉
座敷童子　座敷わらし
捉腳的手　足をつかむ手
書裡的眼睛　本の目
海坊主　海坊主
海裡來的東西
　海からやってくるモノ
海裡的手　海から伸びる手
神隱　神隠し
迷路小屋　迷いの小屋
馬拉松幽靈　マラソン幽霊
高九奈車站・敷草谷車站
　高九奈駅・敷草谷駅
〈十一畫〉
假死魔　カシマさん
健忘手冊　忘れもの帳
念不出站名的車站　読めない駅

啃耳女　耳かじり女
啪噠啪噠　ペタペタ
婆婆薩雷　ババサレ
斬首幽靈　首取り幽霊
莉莉　リリーさん
被詛咒的房間　のろわれた部屋
野篦坊　のっぺらぼう
雪女　雪女
〈十二畫〉
割耳婆婆　耳そぎばあさん
喀喀喀　テケテケ
喪屍護理師　ゾンビ看護師
壺姬公主　つぼ姫さま
廁所的花子　トイレの花子さん
惡魔的第四水道
　魔の第四コース
背背幽靈　おんぶ幽霊
棉被怪談　布団の怪

渦人形　渦人形
游泳池的喬　プールのジョー
游泳池婆婆　プールババア
焚化爐的幽靈　焼却炉の幽霊
無頭騎士　首なしライダー
窗口揮舞的手
　窓から振られる手
窗戶怪談　窓の怪
童女石　童女石
紫婆婆　紫ばばあ
把耳朵給我　ミミをくれ
給我腳　足をください
裂嘴女　口裂け女
跌倒就會死的村子
　転んだら死んでしまう村
黑色霧靄　黒いモヤ
〈十三畫〉
傳說中的真清　噂のマキオ

想吃婆婆　食べたいババア
置物櫃嬰兒
　コインロッカーベイビー
跟夢裡不一樣　夢と違う
躲好了　もういいよ
躲好了沒　もういいかい

〈十四畫〉

僧分世　そうぶんぜ
漆黑的東西　真っ黒なモノ
瑪莉大宅　メリーさんの館
瑪莉的電話　メリーさんの電話
瑪莉的銅像　マリちゃんの像
綠河童　みどりガッパ
網路留言的怪談
　パソコン通信の怪
蒙娜麗莎怪談　モナリザの怪
說話的人頭　しゃべる生首

〈十五畫〉

廣播室的幽靈　放送室の幽霊
撐傘的女子　傘の女
磕磕婆婆　コツコツババア
蝶　蝶
請保重　おだいじに
賣腳婆婆　足売りババア
踢球的少女　まりつき少女

〈十六畫〉

學校七大不可思議
　学校の七不思議
學校的鬼婆婆　学校鬼婆
整形妖怪　整形オバケ
遺言影片　遺言ビデオ
鋼琴怪談　ピアノの怪
骸骨少女　骸骨少女
骸骨模型的怪談　骸骨模型の怪

〈十七畫〉

濡女　ぬれ女
縫紉機女孩　ミシンの女の子
縫隙女　隙間女
螳螂先生　カマキリさん
黏答答　ベタベタ

〈十八畫〉

嚙骨女妖　妖骨こぶり
藍色的身影　青いもの
藍眼睛的娃娃　青い目の人形
鞦遷小童　ブランコ小僧

〈十九畫〉

繪美子　えみこちゃん
鏘、鏘　カン、カン
鏘鏘鏘　シャカシャカ
鏡子裡的奈奈
　鏡の中のナナちゃん
麗佳娃娃的電話
　リカちゃんの電話
籃框底下的洞

バスケットゴール下の穴
攜伴幽靈　道連れ幽霊
〈其他〉
U老師　U先生
あ行怪　あぎょうさん
還有更多日本各都道府縣離奇故事　まだまだあるぞ都道府県別不思議な話
北海道　北海道
衝刺女　ダッシュ女
熊風　熊風
青森縣　青森県
西裝怪人　スーツの怪
要不要頭　首いるか
岩手縣　岩手県
學校童子　学校わらし

宮城縣　宮城県
千島麗子　チシマレイコ
袈世藍婆娑藍　ケセランパサラン
秋田縣　秋田県
背背妖怪　おんぶおばけ
阿岩　お岩さん
山形縣　山形県
宗像君　ムナカタくん
斷頸女　首折れ女
福島縣　福島県
御仮屋大人　オカリヤ様
秀髮特技表演人　アクロバティックサラサラ
茨城縣　茨城県
風化老頭　風化じいさん
姐姐牆　姉壁

栃木縣　栃木県
道路的守護靈　道路の守護霊
蓬萊　ほうらいさん
群馬縣　群馬県
相名勝馬　相名勝馬
紅色夾克的女子　赤いヤッケの女
琦玉縣　埼玉県
沼澤婆婆　ぬばさま
骷髏騎士　骸骨ライダー
千葉縣　千葉県
八幡不知藪　八幡の藪知らず
頭、手、腳　頭と手と足
東京都　東京都
幽靈電車　幽霊電車
七個和尚　七人坊主
神奈川縣　神奈川県

隧道的老婆婆　トンネルの老婆
公明君　キミアキくん
新潟縣　新潟県
新潟傑森村　新潟ジェイソン村
沼河比賣　ヌナガワヒメ
富山縣　富山県
海豚島　イルカ島
一尺爺爺　一尺じいさん
石川縣　石川県
貓婆婆三人組　ネコババ三人組
圖騰柱怪談　トーテムポールの怪
福井縣　福井県
沙沙沙　びしゃがつく
闇子　やみ子さん
山梨縣　山梨県
與作　よさく

時速一百公里的老頭　百キロジジイ
長野縣　長野県
神祕女子　謎の女
髮被喪　かんひも
岐阜縣　岐阜県
太鼓婆婆　タイコばばあ
紅色的球、藍色的球、黃色的球　赤いボール・青いボール・黄色いボール
靜岡縣　静岡県
問路婆婆　道聞きおばあさん
霧中的少女　霧の中の少女
愛知縣　愛知県
賣骨頭的婆婆　骨売りババア
跳跳婆婆　ピョンピョンババァ
三重縣　三重県

兔子婆婆　うさぎババア
四角奶奶　四つ角ばあさん
滋賀縣　滋賀県
瑪莉娃娃的怪談　メリーちゃん人形の怪
偽人力車　偽人力車
京都府　京都府
竹伐狸　竹伐狸
車窗的眼睛　車窓の目
大阪府　大阪府
噁心的東西　きもちの悪いもの
泉之廣場的紅衣女子　泉の広場の赤い服の女
兵庫縣　兵庫県
牛女　牛女
珍妮絲　ジャーニスさま
奈良縣　奈良県

山彦　やまびこ
學校的幽靈　学校の霊
和歌山縣　和歌山県
槌之子　ツチノコ
開瓶器小童　せんぬきこぞう
鳥取縣　鳥取県
妖怪樹　化け物の木
拜島站　はいじま駅
島根縣　島根県
滅三小童　さんぬけぼうず
愛麗絲　エリーゼ
岡山縣　岡山県
電車幽靈　電車幽霊
廣島縣　広島県
老女加句麗　老女カコリ
松茸奶奶　マツタケバーチャン
山口縣　山口県

餓文字　ヒモジイ様
三個護理師　三人の看護師さん
德島縣　徳島県
紅衣警衛　赤い服の警備員
夢中的不倒翁　夢のダルマ
香川縣　香川県
爪楊枝和三木楊枝　つまようじさんとみきようじさん
紅色舌頭・藍色舌頭　赤い舌・青い舌
愛媛縣　愛媛県
阿光　ヒカルさん
佛崎之女　仏崎の女
高知縣　高知県
森守大人　モリモリさま
回頭橋　見返り橋
福岡縣　福岡県

禍垂　禍垂
剪指甲婆婆　爪切りババ
佐賀縣　佐賀県
人頭燈籠　首ちょうちん
電玩婆婆　ゲームババア
長崎縣　長崎県
蝨妖怪　シラミのおばけ
毛線婆婆　毛糸ババア
熊本縣　熊本県
油須磨　油すまし
放下來森林　おいてけ森
大分縣　大分県
獵頭婆婆　首狩りばばあ
左手塚怪談　左手塚の怪
宮崎縣　宮崎県
三輪車歐巴桑　三輪車のおばあさん

久峰隧道　久峰隧道
鹿兒島縣　鹿児島県
水蝹　ケンムン
絹依的亡靈　ヌイの亡霊
沖繩縣　沖縄県
喜如那　キジムナー
布納嘎亞　ブナガヤ
馬頭人　馬人間

聖典系列 056C

日本都市傳說大事典（精裝）

原 著 書 名／日本の都市伝説大事典
作　　　者／朝里樹
譯　　　者／王書銘
企劃選書人／張世國
責 任 編 輯／高雅婷
發　行　人／何飛鵬
總　編　輯／王雪莉
業 務 協 理／范光杰
行銷企劃主任／陳姿億
資深版權專員／許儀盈
版權行政暨數位業務專員／陳玉鈴
法 律 顧 問／元禾法律事務所　王子文律師
出版／奇幻基地出版
城邦文化事業股份有限公司
台北市南港區昆陽街16 號 4 樓
電話：(02)25007008　　傳眞：(02)25027676
網址：www.ffoundation.com.tw
e-mail：ffoundation@cite.com.tw
發行／英屬蓋曼群島商家庭傳媒股份有限公司城邦分公司
台北市南港區昆陽街 16 號 8 樓
書虫客服服務專線：(02)25007718・(02)25007719
24 小時傳眞服務：(02)25170999・(02)25001991
服務時間：週一至週五09:30-12:00・13:30-17:00
郵撥帳號：19863813　　戶名：書虫股份有限公司
讀者服務信箱 E-mail：service@readingclub.com.tw
歡迎光臨城邦讀書花園 網址：www.cite.com.tw
香港發行所／城邦（香港）出版集團有限公司
香港灣仔駱克道 193 號東超商業中心 1 樓
電話：(852) 2508-6231 傳眞：(852) 2578-9337
馬新發行所／城邦（馬新）出版集團
【Cite(M)Sdn. Bhd.(458372U)】
11, Jalan 30D/146, Desa Tasik,
Sungai Besi, 57000 Kuala Lumpur, Malaysia.
電話：(603) 90578822　　傳眞：(603) 90576622

封面設計／高偉哲
排　　版／芯澤有限公司
印　　刷／高典印刷有限公司
■2025 年5月6日初版
■2025 年7月10日初版2.5刷

售價／499元

國家圖書館出版品預行編目資料

日本都市傳說大事典（精裝）／朝里樹著；王書銘譯. -- 初版. -- 臺北市：奇幻基地出版，城邦文化事業股份有限公司出版：英屬蓋曼群島商家庭傳媒股份有限公司城邦分公司發行，民 114.05
面；公分. -- (聖典；1HR056C)
譯自：日本の都市伝説大事典
ISBN 978-626-7436-78-3 (精裝)

1. 傳說 2. 通俗作品 3. 日本
539.531　　114000714

Original Japanese title: NIHON NO TOSHIDENSETSU DAIJITEN
supervised by Itsuki Asazato

ISBN 978-626-7436-78-3

Printed in Taiwan.

城邦讀書花園
www.cite.com.tw

廣　告　回　函
北區郵政管理登記證
台北廣字第000791號
郵資已付，免貼郵票

115台北市南港區昆陽街16號4樓

英屬蓋曼群島商家庭傳媒股份有限公司城邦分公司 收

請沿虛線對摺，謝謝

奇幻基地

每個人都有一本奇幻文學的啟蒙書

奇幻基地粉絲團：http://www.facebook.com/ffoundation

書號：1HR056C　　書名：日本都市傳說大事典

| 奇幻基地・2025年回函卡贈獎活動 |

購買2025年奇幻基地作品（不限年份）五本以上，即可獲得限量隱藏版「山德森之年」燙金藏書票！

電子版活動連結：https://www.surveycake.com/s/ZmGx

注：布蘭登・山德森新書《白沙》首刷版本、《祕密計畫》系列首刷精裝版（共七本），皆附贈限量燙金「山德森之年」藏書票一張！（《祕密計畫》系列平裝版無此贈品）

「山德森之年」限量燙金隱藏版藏書票領取辦法

活動時間：即日起至2025年12月31日前（以郵戳為憑）

參加辦法與集點兌換說明：

1. 2025年度購買奇幻基地出版任一紙書作品（不限出版年份及創作者，限2025年購入）。
2. 於活動期間將回函卡右下角點數寄回本公司，或於指定連結上傳2025年購買作品之紙本發票照片／載具證明／雲端發票／網路書店購買明細（以上擇一，前述證明需顯示購買時間，**連結請見下方**）
3. 寄回五點或五份證明可獲限量隱藏版「山德森之年」燙金藏書票，藏書票數量有限送完爲止。
4. 每月25號前填寫表單或收到回函即可於次月收到掛號寄出之隱藏版藏書票。藏書票寄出前將以電子郵件通知。若填寫或資料提供有任何問題負責同仁將以電子郵件方式與您聯繫確認資料。若聯繫未果視同棄權。
5. 若所提供之憑證無法確認出版社、書名，請以實體書照片輔助證明。

特別說明

1. 活動限台澎金馬。本活動有不可抗力原因無法執行時，主辦單位有權決定取消、中止、修改或暫停本活動。
2. 請以正楷書寫回函卡資料，若字跡潦草無法辨識，視同棄權。
3. 單次填寫系統僅可上傳一份檔案，請將憑證統一拍照或截圖成一份圖片或文件。
4. 隱藏版「山德森之年」燙金藏書票一人限索取一次
5. **本活動限定購買紙書參與，懇請多多支持。**

當您同意報名本活動時，您同意【奇幻基地】（城邦文化事業股份有限公司）及城邦媒體出版集團（包括英屬蓋曼群島商家庭傳媒股份有限公司城邦分公司、書虫股份有限公司、墨刻出版股份有限公司、城邦原創股份有限公司），於營運期間及地區內，爲提供訂購、行銷、客户管理或其他合於營業登記項目或章程所定業務需要之目的，以電郵、傳眞、電話、簡訊或其他通知公告方式利用您所提供之資料（資料類別 C001、C011 等各項類別相關資料）。利用對象亦可能包括相關服務的協力機構。如您有依個資法第三條或其他需要協助之處，得致電本公司（(02) 2500-7718）。

個人資料：

姓名：＿＿＿＿＿＿＿＿ 性別：＿＿＿＿ 年齡：＿＿＿＿ 職業：＿＿＿＿＿ 電話：＿＿＿＿＿＿＿＿

地址：＿＿＿＿＿＿＿＿＿＿＿＿＿＿＿＿＿＿ Email：＿＿＿＿＿＿＿＿＿＿

想對奇幻基地說的話或是建議：＿＿＿＿＿＿＿＿＿＿＿＿＿＿＿＿＿＿＿＿＿＿＿＿＿＿＿＿

限量燙金藏書票

電子回函表單QRCODE

請剪下右邊點數，集滿五點寄回奇幻基地即可參加抽獎，影印無效。

1
A Year of Sanderson
2025